· 浙江省科技计划项目（2018C35089,2018C25028）资助
· 浙江省哲学社会科学规划课程（20NDJC355YBM）资助
· 杭州市哲学社会科学规划课程（2018JD64）资助

生态文明视野下乡村休闲旅游者环境负责任行为的影响机制研究

李　群　著

ZHEJIANG UNIVERSITY PRESS
浙江大学出版社

图书在版编目(CIP)数据

生态文明视野下乡村休闲旅游者环境负责任行为的影响机制研究 / 李群著. —杭州：浙江大学出版社，2021.6
ISBN 978-7-308-21407-0

Ⅰ.①生… Ⅱ.①李… Ⅲ.①乡村旅游—休闲旅游—研究—中国②农村生态环境—生态环境建设—研究—中国 Ⅳ.①F592.3②X321.2

中国版本图书馆 CIP 数据核字(2021)第 097599 号

生态文明视野下乡村休闲旅游者环境负责任行为的影响机制研究
李　群　著

责任编辑	石国华
责任校对	胡岑晔
封面设计	周　灵
出版发行	浙江大学出版社
	（杭州市天目山路 148 号　邮政编码 310007）
	（网址：http://www.zjupress.com）
排　　版	杭州星云光电图文制作有限公司
印　　刷	杭州良诸印刷有限公司
开　　本	710mm×1000mm　1/16
印　　张	13
字　　数	210 千
版 印 次	2021 年 6 月第 1 版　2021 年 6 月第 1 次印刷
书　　号	ISBN 978-7-308-21407-0
定　　价	48.00 元

前　言

为促进乡村休闲旅游的可持续发展,本书主要探讨游客的休闲涉入、休闲体验、地方依附与游客环境负责任行为之间的关系,从休闲涉入(包括吸引力、自我表现、中心性三个维度)、休闲体验(包括娱乐体验、教育体验、逃避体验和审美体验四个维度)、地方依附(包括地方依赖和地方认同两个维度)以及环境负责任行为(包括一般环境行为和特殊环境行为两个维度)四者之间的关系角度研究了乡村休闲旅游者环境负责任行为的产生机制。

首先,我们对相关领域的文献进行回顾,提出相关假设并构建模型;其次,在文献阅读、访谈和前测的基础上,自编问卷并收集研究资料,运用 SPSS21.0和 Amos21.0 对资料进行统计分析;最后,通过描述性统计、项目分析、信度效度检验、独立样本 t 检验、单因素方差分析、皮尔逊相关分析、逐步回归分析、验证性因子分析、中介效果分析、路径分析、结构方程等统计方法,分析问卷资料,得出研究结论:

1.本书建构游客休闲涉入、休闲体验、地方依附与环境负责任行为测量模式,所提的假设模型与样本资料的适配度良好($\chi^2/DF=2.85$;GFI$=0.94$;AGFI$=0.88$;CFI$=0.97$;RMSEA$=0.086$)。

2.游客休闲涉入对休闲体验具有正向的显著性影响,其中自我表现与休闲体验存在较强的相关关系,自我表现与逃避体验的相关关系最强。

3.游客休闲涉入对地方依附具有正向的显著性影响,其中吸引力与地方依附存在较强的相关关系,中心性与地方依赖的相关关系最强。

4.休闲体验对地方依附具有正向的显著性影响,其中逃避体验与地方依附的相关关系较强,审美体验与地方依赖的相关关系最强,休闲体验各层面和地方认同的相关关系则略低一点。

5. 休闲涉入对环境负责任行为不具有显著性影响。

6. 休闲体验对环境负责任行为不具有显著性影响。

7. 地方依附对环境负责任行为具有正向的显著性影响,其中地方依赖与环境负责任行为存在较强的相关关系,地方依赖与一般环境行为的相关关系最强。

8. 地方依附在休闲涉入对环境负责任行为及休闲体验对环境负责任行为中具有中介作用。

依据以上研究结果,笔者提出以下建议:

1. 产官学相结合,出台相关景区政策;

2. 以教育体验为切入点,提升全民环境负责任行为;

3. 拓宽活动宣传管道,加大宣传力度;

4. 产品特色化多元化,强化游客休闲体验;

5. 形成优良商圈,增强游客地方依赖;

6. 健全旅游服务设施,提升旅游服务质量;

7. 丰富休闲旅游活动,提高游客地方依附;

8. 整合旅游资源,凸显全域旅游;

9. 推广大众运输工具,增加游客便利性。

这些具体建议可供各级教育单位、政府相关部门以及旅游业经营者等参考,以便他们了解并制定相关政策。

目　录

第一章 绪 论

第一节 研究背景和问题的提出

一、背 景

(一)中国休闲农业时代来临

休闲农业是以农业生产、农村环境和农民生活为载体,以农业特有的优势资源为基础,以农业传统文化为依托,增进人们对农业生产和农村生活体验为目的一种具有多种功能的农业发展模式。由于具有融生产性功能、服务性功能于一体的特性,休闲农业是体验经济发展的产物,休闲农业在发达国家已经得到了长足的发展,显示出旺盛的生命力。近年来休闲农业及乡村旅游也在我国获得了较快的发展,得到了各地政府的重视和推动,成为农业和旅游业纵深发展过程中的开发热点和经营亮点。

1. 国家高度重视乡村旅游、休闲农业的可持续发展

自 2004 年至 2015 年,中央一号文件连续十二次聚焦"三农"。在 2015 年的中央一号文件中提到,要积极开发农业多种功能,其中重点提出要发展特色乡村旅游,包括挖掘乡村生态休闲、旅游观光、文化教育价值;扶持建设一批具有历史、地域、民族特点的特色景观旅游村镇,打造形式多样、特色鲜明的乡村

旅游休闲产品;加大对乡村旅游休闲基础设施建设的投入,增强线上线下营销能力,提高管理水平和服务质量;研究制定促进乡村休闲旅游发展的用地、财政、金融等扶持政策,落实税收优惠政策等。当前,在农业资源条件约束日益加剧、农产品生产成本居高不下、农民增收途径严重匮乏的社会背景下,党和政府已经开始思考我国农业的转型升级问题;而如何找到、走出一条具有中国特色社会主义的农业发展道路,是当前我国各地正在开展的实践探索,也是我国社会各界正在认真思考和研究的重要课题,它具有重大的现实意义和理论意义。

2. 休闲农业发展的同时游客破坏环境行为层出不穷

随着经济的快速发展、百姓生活水平的日益提高、消费能力的不断增强,越来越多的城市居民更加倾心于安静、休闲、生态、自然的健康生活,而农家乐旅游作为新的消费需求和生活方式恰到好处地满足了人们亲近大自然、回归田园的心理。截至 2012 年底,我国共有 8.5 万个村开展了休闲农业与乡村旅游活动,休闲农业与乡村旅游经营主体达到 170 万家,其中农家乐 150 万家;从业人员 2800 万人,占全国农村劳动力的 6.9%;年接待游客 8 亿人次,实现营业收入超过 2400 亿元。但是在乡村旅游发展的同时,也带来了许多环境问题。乡村环境恰恰又是乡村旅游发展的根本,所以我国的休闲农业与乡村旅游在这种经济硬性发展与其自我环境依赖的矛盾中困难前行(尤海涛等,2012)。中国休闲农业与乡村旅游的规模不断扩大,数量也不断提高,休闲旅游的游客人次不断攀升,在带来各种正面效应的同时,也带来了很多自然环境、社会问题和文化冲击等负面影响(丁志鹏,2013)。在发展休闲农业与乡村旅游的过程中游客会抛弃大量不可降解的固体垃圾,不仅影响乡村环境形象,还造成河道淤积、水体污染,给正常农业生产和旅游活动带来负面影响。另外,旅游活动还会产生汽车碾压、尾气、噪声,游客随意采摘、践踏草地与农田造成的植物损伤、土壤板结等问题。游客的非生态行为已受到人们的关注,并成为引发环境问题的不可忽略的因素(余勇等,2010)。很多旅游者社会责任缺失,旅游行为非生态化是休闲农业与乡村旅游生态环境失调、环境污染的重要原因之一(徐文兵等,2010)。有学者指出培养游客的环境负责任行为才是最好的促进自然旅游目的地可持续发展的策略(Kafyri et al.,2012)。地方依附是国外游憩地理学和环境心理

学的研究热点,旅游者地方依附对其资源保护态度与行为的影响是地方依附应
用研究的重要内容(唐文跃,2012)。农家乐旅游如何通过休闲体验过程让游客
加强地方依附从而产生环境负责任行为使得休闲农业能够可持续发展是个值
得研究的课题。

(二)休闲体验的研究成为一种趋势

1.休闲体验作为环境负责任行为研究的切入点很有意义

由于可持续旅游的属性特征,乡村休闲旅游者要实现可持续发展模式,就
需要增强游客的体验感受,通过体验活动将可持续观念灌输给游客(赵立民,
2012)。实证研究发现景区的旅游体验因素包括"资源条件体验"和"设施管理
体验"两个主成分,游客的旅游体验会显著地正向影响游客环境负责任行为(蒋
璐,2015)。目前,乡村休闲旅游的可持续发展模式的成功实例还很有限,相应
的旅游研究处于范围较窄、程度较为粗浅的阶段,而将休闲体验作为游客环境
负责任行为研究的切入点很有意义,值得进一步探索研究。

2.地方依附进一步拓展休闲体验的研究深度和广度

在休闲研究中地方依附通常被概念化为个人对一个特定自然地方所感受
到的价值及认同程度(Williams & Roggenbuck,1989)。从学科角度看,休闲
体验研究以地理学、管理学、经济学等学科视角为主,对心理学、社会学、人类
学、现象学等学科涉及不多,也不够深入,这违背了休闲体验的本质(魏遐和潘
益听,2010)。谢彦君(2006)认为,休闲体验研究主要从旅游者的心理角度出
发。地方依附是人与地方相互作用产生的情感联结,是近几年国外游憩地理
学和环境心理学研究的热点(江春娥和黄成林,2011)。Ramkissoon et al.
(2012)在研究中发现休闲体验和人与地方之间产生的社会及心理结果会影
响旅游者对环境的态度,因此地方依附非常值得研究。绝大多数研究体验都
是对满意度、忠诚度、游后行为进行关系研究,纵观体验对地方依附的研究成
果寥寥无几,因此,在今后的研究中需要加强休闲体验与地方依附之间的关
系研究。

(三)地方依附的研究方兴未艾

1.地方依附成为关注焦点

地方依附是人文主义地理学中人地关系研究的重要视角和内容,20世纪90年代后期成为西方游憩、休闲研究中的热点之一。国外地方依附与环境负责任行为相关研究议题不断被提及,且两者之间的关联性研究日益受到重视。当游憩者对某游憩地产生地方依附后会对该地有着正向的环境态度,如保护环境资源、减少对环境的干预行为等。反观中国的研究,台湾学者借鉴国外的研究成果,结合案例的实际情况进行了大量的理论和实证探索,使地方依附在本土游憩领域的研究渐成体系;2006年9月,黄向、保继刚从游憩的角度首次引进地方依附理论,国内才开始进行地方依附的研究。地方依附被引入中国的时间还很短,引入初期多落脚于宏观或中观层次的理论探讨,集中在对国外研究成果的述评上,这也为地方依附在国内的合理运用提供了理论铺垫,近几年来实证研究渐增,在不同的地方空间尺度对旅游者、居民等研究对象从多个视角进行了探索性和验证性分析。地方因与人的紧密结合而使得空间充满了价值和意义。地方依附理论注重实证研究,通过相关的测量指标和研究范式对调研结果进行分析,极具科学性。旅游者所依附的形成机制及其对旅游地的管理启示正逐渐成为旅游界关注的焦点(陈海波和莫莉萍,2011)。但我国对地方依附与环境负责任行为之间关系研究的文献较少(赵宗金等,2013)。该理论在我国还处于初步发展阶段,其研究的成果也不多,可参考文献有限。

2.休闲涉入、休闲体验、地方依附与环境负责任行为缺乏系统性研究

王坤等(2013)从心理涉入的角度对文化旅游区的游客涉入对地方依附的影响进行了测评,结果证实游客涉入对地方依附有显著影响。李文贵(2007)以屏东海洋生物博物馆为例,研究了休闲涉入与休闲体验之间的关系。方怡尧(2002)以北投温泉为例,就游客涉入和休闲体验之间的关联性进行了探究,并得出游客涉入对旅游体验有正向影响。Moore & Graefe(1994)发现游客的涉入程度、使用频率、距离以及游客特性会影响地方依附的形成。Lee & Jan

(2015)在研究中发现休闲体验影响环境态度。徐逸涵(2009)通过实证认为游客体验在活动涉入与地方依附的关系中为中介变量。从大量文献可以看出,大部分学者将休闲涉入与地方依附、休闲涉入与休闲体验等结合起来进行研究,而将休闲涉入、休闲体验与地方依附结合起来,同时从游客负责任行为角度开展研究的文献几乎没有。沈进成等(2008)和朱家慧(2006)证实休闲体验对地方依附有显著影响。基于此,本书将系统性研究休闲体验、休闲涉入、地方依附之间的关系,并通过三者的联系更好地了解环境负责任行为的影响机制。这填充了该方面的空白,为以后的研究提供了资料。

(四)休闲涉入与环境负责任行为的研究有待深入

较多学者证实游客涉入对环境负责任行为有显著影响(余及斌,2015;蒋璐,2015)。游客涉入源自消费领域的消费涉入概念,国内外多数学者对休闲涉入与地方依附和环境负责任行为做了一些研究,Tamir et al.(2008)以澳大利亚南部的五个旅游地为研究案例,从游客行为的视角研究了行为涉入对游客地方依附的影响,该研究只涉及游客的行为涉入对地方依附的影响,而未考虑游客的心理涉入维度,同时也未体现游客行为涉入分别对地方依附两个维度的影响。本书基于以上文献,针对休闲涉入与环境负责任行为进行实证研究。

二、问题的提出

浙江省发展农家乐休闲旅游业促进了农村产业结构调整和农村经济繁荣,改善了农村环境,扩大了农民就业,促进了农民增收和社会主义新农村建设(郑斌斌和黄冲平,2013)。农家乐总体发展较好,但游客在其中体验的乐趣却稍显不足,要使农家乐朝着健康方向发展需充分挖掘农家乐的源本质,而不是只追求利益的最大化,忽视游客的享乐心理(游洁敏等,2013)。农家乐游客需求的日渐多样化,使看风景的眼睛旅游方式已不能满足所有游客的需要。体验式旅游已经引起越来越多农家乐旅游者的回应,到农民家里体验田园生活、去民族地区住到当地人家等体验式旅游受到追捧,成为农家乐旅游中最具开发潜力的一个亮点(张文莲,2013)。

游客体验旅游的同时却给旅游目的地带来了较为严峻的环境问题。"农家乐"旅游目的地垃圾处理能力非常有限,因此造成的生活垃圾污染问题比较严峻。生活垃圾和旅游活动污染主要源于:食堂垃圾、游客丢弃的易拉罐和啤酒瓶,以及饮料包装盒、废纸、瓜皮果核等,汽车碾压、游客践踏草地和农田造成的土壤结构和视觉景观破坏;植物物种的不合理配置和游客攀摘花木,严重影响物种生长发育和更新,危及生态平衡等。如何能让游客在得到休闲体验的同时加强环境保护意识是当前的重中之重。

"地方依附(place attachment,PA)"脱胎于地方理论(place theory)的研究,二十多年来一直是国外环境心理学和游憩地理学研究的热点(杨昀,2011)。近几年来,地方依附更是成为旅游市场营销研究的一个主题(Tsai,2012)。从概念解构的意义上说,"地方"是"依附"发生的基础,而"依附"是人对"地方"进行认知和产生情感后的反应(周慧玲,2009)。2006 年,已是国外旅游研究热点的地方依附理论引入我国,成为研究我国旅游者和旅游地居民感知的新视角。由于该理论在我国还处于初步发展阶段,其研究的成果也不多,可参考文献有限。地方依附理论注重实证研究,通过相关的测量指标和研究范式对调研结果进行分析,极具科学性。

目前国内外研究者们对农家乐的研究比较偏重以游客体验为主,仅有的一些文献也只是探讨了游客参与休闲农业与乡村旅游体验后的环境负责任行为,其中地方依附研究涉及较多的是游客忠诚度,对于地方依附对乡村休闲游客的环境意识及行为意向的影响研究相对较少,其中可借鉴的成果也比较匮乏。影响地方依附的因素同时影响游客环境负责任行为则是研究旅游价值的直接依据。基于以上分析,笔者提出本书的研究问题:休闲涉入如何影响休闲体验?休闲涉入、休闲体验如何影响环境负责任行为?如何通过休闲涉入及休闲体验提升游客的地方依附,从而增强游客的环境负责任行为?

第二节 研究目的、内容和意义

一、研究目的和内容

杭州市委、市政府持续 10 年实施的西湖综合保护工程和"景中村"整治,加上省、市农家乐休闲旅游工作有关部门和市十大特色潜力行业领导小组连续的指导和扶持,为茶文化旅游休闲产业发展创造了前所未有的优势条件。同时,杭州市健全完善了西湖风景名胜区及各个茶村农家乐休闲旅游业协会组织机构,协会在促进行业自律、组织开展各项活动、宣传茶旅游休闲品牌等方面发挥了政府不可替代的作用。这些都带动了西湖"景中村"以茶文化为主要内涵的旅游休闲业的蓬勃兴起。本书力图通过对杭州茶文化农家乐游客的调查,研究国内乡村休闲游客休闲涉入、休闲体验、地方依附与环境负责任行为之间的关系。地方依附影响因素复杂,休闲涉入、休闲体验都会影响地方依附。地方依附是个体与地方之间的一种功能性的认知和情感纽带,可能对环境负责任行为起到促进作用,尤其是对某一特定的地方的环境负责任行为。具体而言,本书研究的目的可以细分为四个方面:第一,探讨休闲涉入与休闲体验之间的因果关系;第二,探索休闲体验与地方依附的相互关系;第三,探讨乡村休闲旅游者的地方依附与环境负责任行为之间的关系;第四,将休闲涉入、休闲体验、地方依附与环境负责任行为等四个变量通过模型的构建,作为一个整体来分析相互之间的作用机制。

研究的主要内容包括以下几点:

第一,探讨休闲涉入与休闲体验之间的因果关系。根据文献,对乡村休闲旅游者开展有关休闲涉入、休闲体验的独立研究。建立乡村休闲旅游者的休闲涉入评价体系,探索休闲涉入与休闲体验的因果关系等。

第二,探索休闲体验与地方依附的相关性。采用结构方程模型结合问卷调查的定性与定量研究方法,以描述分析、因子分析、相关分析、路径分析为工具,分析休闲体验与地方依附的关系。

第三,深入研究地方依附和因地方依附而产生环境负责任行为的形成机理。研究地方依附各维度对环境负责任行为的影响作用。

第四,系统研究乡村旅游者休闲涉入、休闲体验、地方依附与环境负责任行为四者之间的影响关系,将休闲涉入与休闲体验、休闲体验与地方依附、休闲涉入与地方依附关系研究及地方依附与环境负责任行为关系四大研究领域进行整合,从一个更高更深入的层面去认识四者之间的关系,也是从一个全新的视角去认识环境负责任行为的形成机制,并分析不同社会人口变量对各变量的差异性影响。

第五,分析和检验假设关系。以杭州农家乐为例,笔者通过问卷调查获取一手资料,运用定量的分析方法,对假设模型进行检验,更加客观合理地分析各变量要素之间的关系。

第六,对研究结论进行分析和讨论,从休闲涉入、休闲体验、地方依附与环境负责任行为的关系角度为政府、经营者提出策略性建议,并提出本书研究的局限性和未来的研究方向。

二、研究意义

(一)有助于拓展并完善的地方依附研究框架

首先,本书在一定程度上完善了地方依附的研究框架。国内只有部分学者对游客地方依附、涉入与行为、感知做出研究(吕明红,2012)。而对休闲涉入、休闲体验与地方依附之间的关系并未付诸太多研究实践。其次,本书厘清了相关概念及概念维度构成,通过对相关文献(休闲涉入、休闲体验、地方依附)进行筛选、梳理与分析,得出相关概念、维度及总体研究框架,以期能为后续相关研究提供参考。最后,本书透过文献回顾提出"休闲涉入""休闲体验"这两个前因变量,以期了解乡村休闲旅游者地方依附的原因;同时也提出"环境负责任行为"作为地方依附的后置变量以验证地方依附对这三个变量之间的相互关系。

(二)深入探讨了休闲涉入及休闲体验之间的关系

笔者在对现有相关理论的把握和思考的基础上,将乡村休闲旅游者的休闲涉入、休闲体验两大过程要素结合起来,运用心理学、社会学、人类学等学科的理论和方法,通过抽样和实地考察,探索乡村休闲旅游者的休闲涉入、休闲体验特性,分析乡村休闲旅游者不同的社会背景、个人因素对休闲涉入和休闲体验的影响,并根据农家乐由"涉入"到"体验"的活动过程,探讨休闲涉入与休闲体验之间的关系,以及休闲涉入对休闲体验发生影响的内在机制。这一研究丰富了农家乐的研究内容和研究方法,并在一定程度上促进了乡村休闲旅游研究的完整性和系统性,为更好地开发乡村休闲旅游提供了理论依据。

(三)有助于加强国外较少关注的休闲农业中农家乐的相关研究

随着农家乐休闲旅游的深度开发,对原生态环境保护的呼声也日益高涨,对休闲农业环境保护的投入力度也在不断加大。地方依附对资源保护的态度也直接影响游客的日常行为。多数研究者认为游客对旅游地的依附越强,居民和游客就越会做出环境负责任行为(Ramkissoon et al.,2013)。当人们对旅游地的自然资源产生感情之后,会在日常活动和场所中表现出对环境更负责任的行为(Buta et al.,2014)。本书根据国内外已有研究成果,以国内休闲农业发展较为成熟的"农家乐"为研究对象,通过结构方程的方法研究了"地方依附"和"环境负责任行为"的关系,当乡村休闲旅游者对某游憩地产生地方依附后会产生保护环境资源、减少对环境的干预行为等。

第三节 研究及分析方法

一、本书适用的研究方法

本书在文献分析和有关资料收集的基础上,运用定性分析与定量分析相结合的方法,对乡村休闲旅游者的休闲体验、休闲涉入、地方依附与游客环境负责任行为的关系问题进行研究。

(一)定性的方法

1.文献回顾法

文献回顾的主要目的是了解关于旅游涉入、地方依附与环境负责任行为的研究现状,并通过梳理与总结,发现现有研究的不足之处,以此形成本书的创新切入点及研究价值。通过搜索网络数据库及学术搜寻引擎(万方数据库、中国知网 CNKI 数据库、Hospitality & Tourism Complete、台湾博硕士加值系统数据库等),笔者获得本研究领域的大量文献,经过选择性地阅读并比较归纳总结,回顾了关于休闲农业、乡村旅游、农家乐、休闲涉入、休闲体验、地方依附与环境负责任行为的研究历史及现状,形成了本书的理论框架及研究假设,从而构建研究模型,设计测量量表。

2.实地观察法

在本书调查过程中,笔者到梅家坞、龙井村和茅家埠进行实地调查,以局外人的视角,即在参与者不知情的情况下,观察所要研究的休闲旅游者环境负责任行为。这种在真实情景中研究休闲旅游者行为的方法,除了能够提供更为真实有效的一手资料外,还将获得被观察者不希望在问卷中言及的行为或事件资料。另外,由于不能直接观察到环境破坏行为者的态度和观点,笔者同时辅以访谈法。

3.深度访谈法

在文献搜集的基础上,笔者对基本调查问题进行梳理,同本专业研究领域的专家学者进行咨询和讨论,设计出初步的调查问卷,并且对农家乐管理人员进行小范围的访谈,对问卷的问项进行初步筛选和调整。

4.焦点群体访谈法

焦点群体访谈通常由 8～12 人聚到一起,在主持人的引导下对某一主题进行深入的讨论。该方法作为抽样调查的补充,便于了解人们对某一议题心中的想法及其原因。

(二)定量的方法

本书采用问卷调查的定量研究方法。问卷调查法是采用书面形式间接搜集研究素材的一种调查手段。问卷调查也是旅游研究中最常用的研究方法。

本书在文献和访谈的基础上,选择符合要求的对象进行调研,问卷的发放都是由研究者亲自前往农家乐实地调研,问卷发放地选择在出口处以保证答卷者都已有游憩的体验。笔者通过问卷收集并了解相关游客的休闲涉入、休闲体验、地方依附与环境行为关系,为研究提供宝贵的第一手资料。

二、本书采用的分析方法

本书采取量化方法进行资料分析,并设计乡村休闲旅游者环境负责任行为的影响研究调查问卷为搜集资料的工具,汇整回收问卷后,运用 SPSS21.0 for Windows 及 Amos21.0 统计软件进行统计分析。分析方法和步骤如下:

(1)在进行样本描述性分析的同时用李克特(Likert)总加分量表法计算休闲涉入、休闲体验、地方依附与环境负责任行为各个维度问卷题目的平均数及标准差,以反映各个维度的现况。

(2)以平均数检验并分析不同背景变量的游客在四个维度的差异情形,当各母体方差为齐性时,则用单因子方差法分析。若分析结果,F 值达到统计上的显著水平,则进一步以 Scheffe 法进行事后比较;如不齐,则用独立样本 t 检验两两比较。

(3)在进行差异分析之后进行验证性因素分析,验证各测量变量的因素是否达适配标准模式,进而检验变量间区别效度。

(4)用皮尔逊积差相关分析法进行四个维度之间相关关系强度情形分析。

(5)用逐步多元回归分析法分别以休闲涉入、休闲体验、地方依附为自变量,分析其对因变量环境负责任行为的相关关系强弱及预测力大小,并探讨游客环境负责任行为三个维度的预测功能,以回答各项假设问题。

（6）用结构方程模式（structural equation modeling，SEM）推估四个维度之间交互作用的因果关系，检验整体模式适合度，以回答假设研究问题。

第四节　本书结构安排

一、本书研究结构

本书的结构安排如下：

第一章为绪论部分。在研究背景的基础上，笔者提出本书的研究问题；同时对研究的主要目的、内容和研究意义进行阐述，明确了本书的研究和分析方法。

第二章为文献综述。在对相关理论和文献进行梳理回顾和总结评判的基础上，对每个核心概念进行界定，提炼出地方依附的前置因子休闲涉入、休闲体验及三个变量各自的维度，梳理出休闲涉入、休闲体验与地方依附三者之间的关系，并搭建地方依附的结果变量（环境负责任行为）研究的基本理论架构。

第三章为研究设计部分。在文献分析的基础上，结合访谈结果，设计问卷并阐述后续研究假设关系、研究范围、研究工具等，通过预测试来检验研究设计的合理性，为后续大样本研究打好基础。

第四章为实证分析部分。在检验量表的信度效度基础上，运用 SEM 结构方程、Amos 软件及 SPSS 统计软件，获得变量的测量结果，对研究设计部分的关系假设进行检验和分析。

第五章为结论和建议部分。在实证分析的基础上，总结并提出结论，并进一步提出本书研究的不足和建议。

二、本书研究流程

本书的研究流程详见图 1-1。

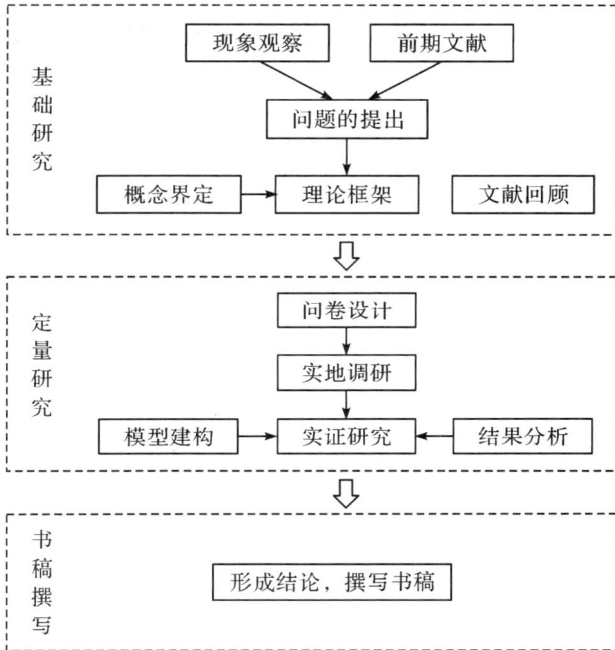

图 1-1　本书研究流程

第二章　相关理论及文献回顾

第一节　相关研究概况

　　文献回顾的主要目的是了解关于休闲农业、农家乐、休闲涉入、休闲体验、地方依附与环境负责任行为的相关核心概念的界定以及主要变量的研究现状，并通过梳理与总结，发现现有研究的不足之处，以此形成本书的创新切入点及研究价值。通过搜索网络数据库及学术搜寻引擎（万方数据库、中国知网 CNKI 数据库、Hospitality & Tourism Complete、台湾博硕士加值系统数据库等），笔者获得本研究领域的文献，经过选择性地阅读并比较归纳总结，形成本书的理论框架及研究假设，从而构建研究模型，设计测量量表。

　　在文献的搜集和整理方面，笔者主要搜寻的数据库包括万方数据库、中国知网 CNKI 数据库、Hospitality & Tourism Complete、台湾博硕士加值系统数据库等，以休闲农业、乡村旅游、农家乐、休闲涉入、休闲体验、地方依附与环境负责任行为等作为关键词或者题名进行了检索，对于 2005—2015 年近 10 年间的文献进行汇总分析，发现相关的文献数量如表 2-1 所示。

表 2-1　2005－2015 年国内外相关研究文献资料分析　　（单位：篇）

关键词	万方数据库	中国知网 CNKI 数据库	Hospitality & Tourism Complete	台湾博硕士 加值系统
休闲农业 （leisure agriculture）	84	17	5	5
农家乐 （farm stay）	42	3	4	0
休闲涉入 （leisure involvement）	5	8	12	102
休闲体验 （leisure experience）	33	9	53	85
地方依附 （place attachment）	67	45	78	161
环境负责任行为 （responsible environmental behavior）	60	139	75	10

在检索过程中发现休闲农业的文献非常多,笔者通过休闲农业及农家乐两个关键字的结合筛选出相关文献。但在台湾博硕士加值系统数据库中没有农家乐的任何文献,因为台湾没有农家乐一说,所以只能通过休闲农业和乡村旅游两个词语作为关键字进行筛选。

农家乐的相关文献是通过农家乐及休闲体验作为关键字进行筛选出来的。休闲涉入在国内外文献中相对较少,但我国台湾学者对其研究较为深入,笔者还能找到较多的相关文献。休闲体验相关文献通过其作为单独的关键字在系统中筛选出了相关文献作为参考。地方依附在万方及知网中查找时关键字必须写成地方依恋,否则几乎没有相关文献,在台湾数据库中查找以地方依附作为关键字能较好筛选出文献。环境负责任行为在万方、知网及外文数据库中查找时需要全文查找才能找到文献,在台湾数据库中如作为全文查找有 263 篇文献,文献过多,作为关键字查找有 10 篇文献。

对相关文献的主题分布情况进行汇总分析可以看到,休闲农业主要涉及旅游、农业经济、建筑科学与工程、宏观经济管理与可持续发展、农业基础科学等相关领域。农家乐主要涉及建筑科学与工程、中国文学、宏观经济管理与可持续发展、环境科学与资源利用等领域。综上所述,休闲农业、农家乐两者的研究领域都较为统一,侧重于休闲农业的发展现状与前景、经营模式及相关发展策略。

休闲涉入涉及旅游、宏观经济管理与可持续发展、企业经济、农业经济等领域,有关休闲涉入的研究侧重于研究消费者行为以及行为意向等方面。休闲体验涉及旅游、建筑科学与工程、农业经济、体育、社会学及统计学、贸易经济、服务业经济、文化、宏观经济管理与可持续发展等领域,有关休闲体验的研究侧重于研究消费者行为和经济现象之间的互动规律,侧重人的体验、欣赏、情感表达等方式,以及由此传递出的消费需求信息,使各类服务、市场、营销、企业策划、产品生产、社会组织的出发点都能立定于这些方面的基础理论。

地方依附涉及旅游、社会学及统计学、建筑科学与工程、宏观经济管理与可持续发展、地理、文化、贸易经济、农业经济等领域,有关地方依附的研究侧重于研究游憩者与游憩地居民,并从不同的空间尺度进行研究,包括影响地方依附的原因、地方依附维度、形成机制和聚类、地方依附的影响等方面。环境负责任行为涉及环境科学与资源利用、宏观经济管理与可持续发展、旅游、贸易经济、社会学及统计学、中等教育、企业经济、心理学等领域,有关环境负责任行为的研究侧重于研究人类对环境保护的行为意向。

在六个关键词中,休闲农业、地方依附与环境负责任行为是近几年专家学者的关注点,每一年的研究文献相较之前的文章都大幅度地增多。针对农家乐及休闲涉入研究的案例相对较少。在以下几个小节中,笔者将针对每个关键词展开概念的界定及对文献进行详细的梳理。

第二节　核心概念的界定

一、休闲农业的含义

休闲农业的实践在国外已有100多年的历史,然而,关于休闲农业的界定,在中文和英文中尚无一个明确的、统一对应的词。我国休闲农业的研究随着整个休闲农业行业的整体兴旺发展,也在逐渐增多。针对休闲农业这一概念的提法比较多(鲁青,2014)。由于人们对休闲农业的内涵与外延存在理解上的差异,并且缺乏统一的概念与理论上的指导,直到目前,在理论研究中休闲农业总是同"农家乐""都市农业""乡村旅游""观光农业""体验农业""旅游农业""农村生态旅游"等概念相混淆(赵航,2012)。

(一)国外文献对休闲农业的定义

国外文献目前对于描述休闲农业最常用的术语是 agritourism、farm tourism 和 rural tourism。一些学者认为,上述几个概念没有本质上的区别,不需要加以区分。若把这三个术语都当成是对"休闲农业"的定义,则国外文献还存在较多的关于休闲农业的定义,具体详见表 2-2。

表 2-2　国外文献对休闲农业的定义

学　者	定　义
Frater(1983)	在具生产性的农庄里经营对于农业活动具有增补作用的观光事业
Dernoi(1983)	基于农场的生产、生活、娱乐、接待等设施而开展的休闲活动
Pearce(1990)	将乡村休闲农业所在地的村民作为所有者,与小型的中介组织紧密合
Lane & Bramwell(1994)	休闲农业是从旅游活动性质、地域规模类型、社会结构、文化特征等方面对乡村旅游的内涵进行了较为全面阐述,乡村旅游与休闲农业内涵表现一致
OECD(1994)	观光休闲农业是以农村为场地举办观光活动,而农村气息是主打观光休闲农业的核心
Clarke(1996)	观光休闲农业是以具有生产力的农场,进行所有泛观光或游憩的休闲活动
Oppermann(1996)	野外观光、户外休闲活动都源于观光休闲农业,以具生产种植的土地,在农村环境进行的包含观光游憩等相关活动
Sharpley & Sharpley(1997)	在农村的传统社会结构之下、低密度居住人口之中,以农业生产为经济基础来发展的观光活动
Roberts & Hall(2001)	利用农村环境,进行的观光休闲游憩活动

续表

学　者	定　义
Sharpley & Roberts(2004)	以农村为活动场地,提供现代人从事接触自然的观光活动,利用异质形式发展有益身心、社会、政治等多元化的大众休闲活动
Sonnino(2004)	休闲农业是指农场主和其家人提供的一种接待服务,这种服务必须和农业活动紧密相关
Che et al.(2005)	将休闲农业视为在参观与体验栽培、耕作、园艺等经营过程中获得休闲、娱乐、教育体验的一项活动
Che et al.(2007)	观光农场是与休闲农业相交叉运用最多的概念,并从更广泛意义上界定了农业的范畴,认为区位特征、农业收入水平、经营者质素以及社会文化价值等因素是理解观光农场内涵的重点
Mshenga et al.(2010)	休闲农业是基于运营农场中的活动开展与其密切相关休闲旅游活动,乡村旅游与休闲农业的内涵表现一致
Phillip et al.(2010)	在广义的乡村背景下重新定义休闲农业的内涵,探讨定义休闲农业的三个焦点问题,即休闲农业产品是否基于运营农场、旅游项目与农业活动之间的本质联系以及旅游体验的原生性
Hsu et al.(2013)	休闲农业就是一种利用农业资源,包括生态系统、环境资源、整合农业、林业、渔业和畜牧业、乡村文化、农民生活等,来帮助消费者体验农业和农场的活动

国外文献对休闲农业的定义总而言之比较抽象,大多数定义都对"观光农场""农场活动""观光农业"进行了着重强调,这是国外学术界在对休闲农业进行界定时的一个非常显著的特征。这样界定主要是因为国外的家庭农场是当地休闲农业中占主流的农业经营组织模式。因此,这些概念主要是基于西方发达国家休闲农业发展的实践,并不能全面地覆盖全球所有休闲农业的具体形态,因而导致这些定义具有一定的局限性和片面性(赵航,2012)。

(二)国内文献对休闲农业的定义

我国休闲农业的发展起步较晚,台湾地区是我国休闲农业发展最早也是最发达的地区,在对休闲农业的理论研究方面也走在前列。根据已有的文献,国内学者对休闲农业的定义亦是多样化的。下面是我国学者从不同的角度提出的有代表性的定义,详见表2-3。

表 2-3　国内文献对休闲农业的定义

学　者	定　义
卢云亭(1996)	休闲农业是满足人们精神和物质享受而开辟的可吸引游客前来观、尝、娱、劳、购的农业
祁黄雄(1997)	狭义的休闲农业仅用来满足旅游者需求,广义的观光农业则是以乡村生产和生活为载体,满足旅游者观光、娱乐、休闲、度假等多种需求的旅游业
胡长龙等(2002)	休闲观光农业是农业发展的一种新型形态,是以农业或农村资源为开发对象,结合旅游特征与规律开发的具有农业特色的旅游资源与产品
段兆麟(2003)	休闲农业是结合生产、生活与生态三生一体的农业,在经营上则结合了农业产销、农产加工及游憩服务等三级产业于一体的农企业;运用农业与自然资源于国民休闲活动,是一种具有生物特色且满足旅客追求健康与知性需求的观光休闲产业
简大仁(2005)	主要利用田园景观、自然生态,结合农业文化,提供国人休闲,则被称为休闲农业;就其范围而言,只要与农业生产有关系的服务性产业,都包含在内
刘莹莹(2006)	休闲农业是农业产业结构调整中出现的新型农业生产经营模式,是利用各种农业生产、农村环境资源进行规划设计,实现农业和乡村休闲旅游功能的一种新型农业
赵国如等(2006)	休闲农业是一种现代农业经营方式,观光农业、田园农业、农村旅游、旅游农业、休闲农业等都是对这种经营方式的表述
郭焕成和任国柱(2007)	休闲农业的基本属性是将农业生产经营活动及农业科技与旅游项目相结合,令旅游者感知和体验农村自然生态与现代农业技术的一种旅游活动
黄志红(2009)	从休闲农业发展的渊源来看,休闲农业就是利用田园风光、自然资源及环境,结合农林渔牧生产、农业经营活动、农村文化及农家生活的体验为目的的农业经营
肖君泽(2009)	将休闲农业界定为以增对农村和农业活动体验为目的,基于乡村自然景观、农业生产活动、农家生活场景、农村风俗文化而开展的一种新型农业生产经营活动
刘莹(2010)	休闲农业是农业产业结构调整中出现的新型农业生产经营模式,是利用各种农业生产、农村环境资源进行规划设计,实现农业和乡村休闲旅游功能的一种新型农业
张天佐(2010)	休闲农业是把农业的生产过程、农民的劳动生活、农村的风情风貌,根据科学的设计和开发,形成了一个集休闲观光、企业娱乐、度假教育、示范推广为一体的新兴产业业态和消费业态。从单纯的观光式游玩到参与式、体验式的游乐,是休闲农业得以快速发展的一个重要原因

续表

学　者	定　义
李嘉和何忠伟（2011）	休闲农业是利用农业自然资源、田园景观、农村设备与空间、农业生产场地、农业产品、农业经营活动、农村人文资源等，经过规划设计，以发挥农业与农村休闲旅游功能，增进民众对农业、农村和农民生活体验，以此提高农民收益，促进农村发展的一种新型农业生产经营形态
罗佩和马远佳（2011）	休闲农业（leisure agriculture）源于休闲产业，而休闲产业泛指提供休闲服务及满足休闲需求的产业
赵航（2012）	休闲农业是以农业生产、农村环境和农民生活为载体，以农业特有的优势资源为基础，以农业传统文化为依托，增进人们对农业生产和农村生活体验为目的一种具有多种功能的农业发展模式
李健嘉（2012）	休闲农业是农村利用田园景观和人文景观，结合农林渔牧等生产经营活动，通过以旅游内涵为主题的精心策划和开发，充分提升农业的附加产值，满足人们各种休闲需求
肖京华（2014）	休闲农业是依托农村山水、人情，利用农业、农村、农家的资源优势为旅游者提供观光、娱乐、休闲、度假、餐饮、购物等活动的实体，使他们远离城市的喧嚣，享受回归大自然的感觉

　　吴宣恭（2012）认为国外文献对休闲农业并没有统一定义，有乡村旅游、农业旅游、田园旅游、观光农场等不同提法，但表述的意义基本相同。国内学者虽然对休闲农业的概念内涵尚未形成统一界定，但对休闲农业同时具有农业和旅游的特性都有所认同。在众多定义中，部分学者强调农业的旅游特征，还有部分学者强调农村的农业特征。从休闲农业的发展基础和发展历程来看，单纯强调休闲农业的旅游特性或农业特征，哪一方面都不够全面。休闲农业开发既是传统农业向高效现代农业迈进的产业拓展和功能延伸，也是旅游业为满足市场多样化需求而进行的横向拓展。

　　结合国内学者主要观点，可以总结出休闲农业的一些内涵特征：一是休闲农业是农业和旅游业相互交叉与渗透的一种新型产业；二是休闲企业以农业现代化经营为产业基础，以旅游市场多样化需求为导向，追求农业生产效益和旅游经营效益的互动性和叠加性；三是休闲农业资源开发具有明显的地域性和季节性特点。

　　新型休闲农业发展的全新概念是指现代农业经营模式下的休闲农业，赵国如(2009)认为尽管其他学者和研究人员在对概念的表述当中,针对各自的研究通过不同角度和研究重心做了多方面的讲述,但均可以被涵盖在休闲农业的内涵和外延内,因此,休闲农业是较为科学的表述,笔者也认同这一说法。本书对休闲农业定义是:休闲农业是农村利用田园景观和人文景观,结合农林渔牧等生产经营活动,通过以旅游内涵为主题的精心策划和开发,增进人们对农业生产和农村生活的休闲体验为目的一种具有多种功能的农业发展模式。

二、休闲涉入的含义

涉入的概念最初出现在社会心理学的相关研究中,由 Sherif & Cantril (1947)以社会判断理论为基础而提出的,社会判断理论认为:个人的态度是经由社会与环境的互动过程所呈现出来的行为。涉入也可以被视为是一种态度的结合系统,也是个人对于一件事的自我涉入(ego involvement)。当个人涉入一件事越深时,其能接受的意见空间就越小;而对于与个人意见相同、自我涉入深的人来说,不但会接受,甚至能够扩大解释。

从 20 世纪 70 年代起,涉入理论开始受到营销学领域学者的普遍关注。休闲涉入源自消费涉入概念。Krugman(1965)最早对涉入理论进行了研究,认为消费者对某种产品的自我涉入程度会受到产品、广告以及其交互作用的影响。此后,涉入理论被广泛应用于消费者行为学、营销学等领域的研究中。Lastovicka & Gardner(1979)等从属性或者特征的视角出发,他们认为消费者涉入主要由产品对于消费者的价值和消费者对产品的忠诚度两个部分组成;Rothschild(1984)则从外界因素(如沟通)与内在因素(如自我概念)出发,指出特定的刺激以及情境是涉入产生的主要条件,并且以个人及活动的显著特征为基础,是一项具有驱动性特点的活动。Day & Lamb(2015)从涉入过程或程序角度来定义,强调消费者的购买决策过程。Rothschild(1984)认为涉入是一种不能察觉的状态,可以是一种动机、激励或兴趣。随着涉入理论的不断发展,学者们对涉入概念有了更全面的理解和认识,但是对涉入的概念探讨仍在进行中(董文珍,2014)。为了对本书的休闲涉入的概念做个很好的界定,本书将具有代表性的休闲涉入概念汇总成表 2-4。

表 2-4　休闲涉入定义

学　者	定　义
Bryan(1977)	对休闲活动及休闲场所的爱好而引发的兴趣和行为
Selin & Howard(1988)	个体投入某种活动时的愉悦感知与自我表现程度
Havitz & Dimanche(1990)	从休闲游憩角度发展涉入概念,认为休闲涉入是介于个体与休闲活动、休闲目的地、休闲装备之间的一种兴趣、激励和动机的心理状态,在具体的时间点上表现为重要性、愉悦性等感知
Eills & Witt(1991)	休闲涉入是指个体参与休闲活动时对行动与意识的感受程度,当人们投入喜好的休闲活动时,会感受到兴奋、狂热、自由及专注等心理体验
Havitz & Dimanche(1997)	休闲涉入就是指对特定活动或相关产品所生一种无法察觉的动机、兴趣及重要性
Wiley et al.(2000)	休闲涉入程度亦即休闲活动带给参与者的意义、重要性和相关程度,可以解释参与者的休闲决策及决策的过程
Kyle et al.(2007)	个体的兴趣、需求与价值观念等都会对涉入程度产生影响,活动涉入是个体对休闲活动的情感与价值感知
张良汉(2006)	休闲涉入是个人对于特别的活动或特别情形下投入的心力程度;休闲活动对于个人所发展出的重要性、愉悦程度、借由活动表现出自我程度及活动与个人生活网的联结程度
陈肇芳(2007)	休闲涉入是个人与休闲活动之间的一种动机、激励与兴趣的心理状态
王郝(2008)	游客感知到的休闲产品与个体内在需要、兴趣和价值观的关联程度
陈燕如(2014)	个人参与所喜爱的休闲活动是一种心理状态与关心程度,对参与休闲活动者而言,当个人喜爱该项活动,从持续参与过程中得到愉悦、满足,并且察觉到活动的重要性
袁苏(2015)	个体出于自身的爱好、需求、价值观念等因素,在参与某种休闲活动时所达到的愉悦感与自身的相关程度
张雅静和胡春立(2015)	休闲涉入是指休闲主体对休闲活动的理解和投入,以及在休闲旅游过程中所表现出来的放松、愉悦的心理感受,包含行为涉入、社会心理涉入两个方面

涉入的观念被广泛地使用在衡量消费者的态度与行为上,但由于研究目的和研究对象的特殊性与差异性,涉入的定义与衡量方法存在分歧,没有完整明确的定义。在进行休闲涉入的研究时,休闲涉入一般从两个角度来研究:一个是行为涉入,一个是社会心理涉入。单一的角度不足以完整地描述、解释或预测涉入状态,但是绝大多数学者在定义休闲涉入时都是以心理涉入角度来定义的。综合上述整理,对休闲涉入的相关定义文献,本书以乡村休闲涉入旅游者为对象,将休闲涉入定义为个体出于自身的爱好、需求、价值观念等因素,在参与某种休闲活动时所达到的愉悦感与自身的相关程度。

三、休闲体验的含义

体验(experience)一词导源于拉丁文"eperientia",意指探查、试验,依照亚里士多德的解释:许多次同样的感觉与记忆在一起形成的经验,即为体验。在希腊文中又引自"emperia",其意为试验、尝试(to go through),在中古文、英文与法文中,体验(experience)最基本的含义是试验(experiment),牛津英文词典的解释是为了发现未知、获取知识、证实假设而尝试某事的行动,是人们在和环境接触中获得的一种亲身经历(李丽娟,2012)。体验这一词最早是从哲学、心理学、美学、文学等社会科学中发展而来的,不同学科领域的研究以各自不同的学科视角对于体验的内涵提出了不少观点。Kelly(1987)认为,体验是指经历了一段时间或活动后获得感知,并对其进行处理的过程,体验不是单纯、简单的感觉,而是对一种行为的解释性意识,并且是一种与当时的时间、空间相联系的精神过程。同时体验也包括各种游憩活动、愉快的感觉、幻想、美学享受以及情绪反应,消费过程应包括新奇、感受以及乐趣等体验观点。依照亚里士多德的解释:许多次同样的感觉与记忆在一起形成的经验,即为体验(肖静,2014)。

我们知道休闲体验是一种心理状态,且出自个人的内在动机,要在自由选择状态下,参与休闲活动所得到的主观感受或实时感受。休闲中的体验孕育着丰富的内涵,它不只是行为或活动事件本身,而且始终伴随着意义的生成、感觉的延宕、状态的持续和情景的展开(武旻,2008)。于是,由主体的内在感知所促发形成的"休闲体验"便自然引起了我们的研究关注。而学者们对于休闲体验内涵的理解，不同的研究领域以及研究视角赋予其内涵是不尽相同的。下面笔者将前人对休闲体验定义的内容进行了整理，希望能对自己的研究有所帮助，如表 2-5 所示。

表 2-5　休闲体验定义

学　者	定　义
Mannell & Isoahola(1980)	休闲体验是休闲参与者在从事休闲活动时的实时感受，它包含了情绪、印象及某些看法，它是一种瞬间的、短暂的休闲心理状态，而且也是一种主观的、随着时间而变的感受
Neulinger(1981)	休闲体验是个人出于内在动机，在自由意愿之下从事休闲活动并且得到快乐、放松的感受
高俊雄(1993)	休闲体验指的是个人参与休闲活动的过程中，感官、知觉、心智和行为不断和周遭的环境因素产生互动，所得到的感受与经验
王震宇(1995)	休闲时间所做的活动所得到的经验，通称为休闲体验
Otto&Ritchie(1996)	休闲及观光的体验可视为参与者主观的心理状态
Siegenthaler(1997)	休闲活动可以满足个人需求并让人从休闲活动中得到正面的满足感，休闲能够让人增进生活乐趣、提升适应能力、增进智慧发展，同时习得社会独立技能，获得群体和组织的接纳
Stewart(1998)	广泛的休闲体验是休闲参与者在休闲活动进行中的心理状态
赖政斌(2002)	休闲体验是休闲参与者所从事休闲活动的实时感受，包含某些情绪及某些看法
李仲广和卢昌崇(2004)	休闲体验是指可以获得某种身心反应的休闲活动，是难忘的和值得回忆的某种经历
罗于婷(2006)	休闲体验是在某一时间内，个人出于内在动机且在自由选择下，借由参与活动的过程获得主观的经验感受
周秀蓉等(2008)	休闲体验是游客在从事游憩休闲活动中，从环境中获得讯息，经过处理后，所得到的判断和呈现的生理与心理的状况
吴虹萱(2008)	休闲体验是个体出自内在动机从事休闲活动，在活动进行中与他人及环境产生互动所得到的主观心理感受，进而可以达到自由感、快乐与放松的感觉
林家桢(2008)	个体出于内在动机，在自由意志之下从事休闲活动，与周遭环境互动所产生的主观实时感受称为休闲体验

续表

学　者	定　义
吴天香(2009)	旅游体验过程实际上是旅游者的体验过程,因此休闲体验可以等同于游客体验,二者可以通用
刘敬怡(2009)	休闲体验皆指游憩者通过观赏、交流、感受、消费、想象等物质活动和精神活动的方式,使自身的精神世界与外部的人和环境相互联系,从而获得刺激、放松、新奇、感动、愉悦、恢复体力、提升创造力等心理和生理上的多种感受
吴承照等(2010)	休闲体验是指游憩主体的主观期望和游憩行为与游憩客体(游憩设施与服务)和游憩地社区行为(休闲地居民的影响)之间的交互作用和结果,是每个游憩主体的主观感受和游憩地客观条件的综合
吴波(2012)	休闲体验是指在休闲活动过程中所获得的感受或经验,以及因为置身其中而反映出的自由、愉悦等心理状态
黄瑞昌(2013)	休闲体验是指游客在从事游憩活动中,从环境中获得讯息,经过处理后,所得到的判断和呈现的生理心理状况。这些讯息包括视觉上所感受到的景观、与亲友的接触及互动、心理压力的释放以及对于自我体适能提升的知觉等
陈美爱(2013)	休闲体验是一种综合性体验,休闲者可以在休闲活动中获得审美愉悦,可以在休闲活动中品味多彩人生,可以在休闲活动过程中发展自我,也可以在休闲消费过程中享受世俗之乐。休闲体验总体上具有超功利色彩,以追求休闲愉悦为目标。休闲愉悦是一种特殊的愉悦,它是休闲者在参与休闲活动过程中所体验到的舒畅、兴奋、娱乐等心理快感
Wu & Chen(2013)	休闲体验的情绪是由外在环境(氛围和设施)和社会服务场景(与员工互动)诱发的

从表中可以看出国内外学者主要是从休闲体验的发生过程及结果、内容和构成、与日常生活的差异等角度来进行休闲体验概念阐释的。

从发生过程和结果视角上看,休闲体验是体验主体(游客)与体验客体(旅游产品与环境)之间互动产生的生理和心理反应,形成的愉悦感受及满足(刘敬怡,2009;吴承照等,2010)。

从内容及构成视角上看,不同学者按照不同的分类标准,将休闲体验划分为娱乐和学习(罗于婷,2006)、身体活动与心智活动(吴虹萱,2008)等。

综合上述对休闲体验内涵的阐释,总结出休闲体验的本质:(1)休闲体验是一种互动行为,是个人本身心智状态与事件之间互动作用的结果,是一种主客观交融的状态(Wu & Chen,2013);(2)休闲体验是综合各种感官感受的结果,是生理反应的一种现象(刘敬怡,2009);(3)休闲体验是一种个性化的心理行为(需求偏好),是一个人达到情绪、体力、智力甚至精神的某一特定水平时,意识中所产生的美好感觉(李丽娟,2012;黄瑞昌,2013)。

根据本书的研究内容,基于乡村休闲旅游定义者的休闲体验是指在某一时间内,个人出于内在动机且自由选择下,在休闲活动进行中与他人及环境产生互动所得到所获得的感受或经验,以及因为置身其中而反应出的自由、愉悦等心理状态。

四、地方依附的含义

国外学者对地方依附概念的研究始于 20 世纪 80 年代末 90 年代初。依附感(attachment)最初源自心理学研究中婴儿对母亲所产生的依附行为(Ainsworth & Bowlby, 1991),研究中指出人类会对人、事、物、地方过去的经验以及文化产生依附情感。Proshansky et al.(1983)认为地理意义上的"地方"可以给人一种归属感,而这种归属感获得的中介变量则是对一地的地方依附。地方依附(Place Attachment)是指人对地方基于感情、认知和实践的依恋关系,这种关系来源于个人的价值观、认知、经验等,并受到地方的特质和属性的影响(赵宗金等,2013)。地方依附的概念界定比较混乱,不同学科的学者使用各不相同的措辞,在内涵表述上也各有差异。

Tuan(1977)以空间(space)观点,从人文地理学的视角,阐述人与环境研究的本质。个人透过"地方"的使用经验,对空间渐渐感到熟悉感,而形成地方象征意义,使地方被视为经验构筑的意义与中心(Kyle et al. 2003);也就是说地方会经由个人的体验对环境产生紧密结合,而使得空间充满了价值和意义(李英弘和林朝钦,1997)。地方在社会科学上有三个意涵:(1)地理区位,也就是说社会和经济活动的分布区域;(2)场所,日常生活和社会相互影响的场所;(3)地方意涵,对于地方认同和归属情感联结,而归属感兼容的语意表达就是地方认同

(Kaltenborn，1997)。由于国内学者对于 attachment place 的中文翻译并不统一，有称之为地方依附，亦有称之为地方依恋，为避免名词混淆，本书统称为地方依附。笔者首先通过文献整理了解各学者对地方依附的定义，如表2-6所示。

表 2-6　地方依附定义

学　者	定　义
Tuan(1978)	地方感形成地方认同（place identity），最后形成地方依附（place attachment），将地方依附融入了行动的概念，个体与地方产生情感关联，而强烈的情感会影响个体转为实际的支持行动
Beard & Ragheb(1980)	地方依附具有心理、教育性、社交性、放松、生理性和审美性
Shumaker & Taylor(1983)	地方依附是指人们与其居住地之间的情感联结。
Rubinstein(1989)	每个个体对于生活环境的依附程度皆有不同，并且描述出四种不同依附水平的特征：在最低层次，人们对于某一个地方几乎不了解，而且提到该地方时没有任何感受或记忆；再高一层次，是个人化依附，表示个人对该地的记忆与个人经验不可分，如就读的学校或孩童时期玩乐的游乐园等，皆是个人化依附；若某地能激起个体高度的情绪化记忆或使人产生涉入行为，则个体体验到的依附感更为强烈，称之为延伸；而依附的最高层次为具体化，意指自我和环境之间的界线已模糊，如个体的家或父母的房子，皆可能产生强烈的依附感
Williams & Roggenbuck(1989)	地方依附是人与场所之间在感情、认知和实践基础上的一种联系，其中位于首位的是感情因素
Williams et al. (1992)	地方依附可视为一种行为，当个人对于地方认同感增强时，将自己与环境融合，此时依附行为就有可能表现出来，时间的长短和地方依附是相关的，时间越长对地方的认同越强烈，越会将自己融入环境里面，这种依附行为就会建立
Moore & Graefe(1994)	地方依附是个体在体验环境后，对环境的认同和评价，若一个地方的环境资源符合个体的期望，且具有其他地点不可取代的因素时，个体便会持续性地重返此地，而个体与环境之间的关系，亦会从被动接受转化成主动重视环境资源
Hidalgo & Hernández(2001)	地方依附定义为个体与特定地方之间的积极情感纽带，其主要特征是个体表现出与该地方的接近意向
蔡进发等(2008)	地方依附是指情感上人和游憩资源所象征的关联性，强调对人们、群体和社区有意义的特定环境

续表

学　者	定　义
曹胜雄和孙君仪（2009）	地方依附亦涵盖了个体对住宅（house）及家（home）的联系
刘宗颖和苏维杉（2009）	地方依附属于一种心里的感受，尤其是地方依赖及地方认同，都是要有相当深层的涉入才会引发的心理状态
林宗瑶（2010）	地方依附是一个过程，是指游客在造访某特定游憩地方之后，透过在该地方的特殊经验形成地方对个人的特殊意义，进而发展出个人与地方之间的情感联结
Scannell & Gifford（2010）	地方依附是由"人—心理过程—地方"3个方面构成。其中，"人"包括个人或集体的决定，"心理过程"由情感、认知和行为组成，"地方"的重点在于人所依恋的这个地方的特点，如自然或社会特征等。该三维框架概念将零散的地方依附概念组织起来，结合了许多早期的结构模型，基本涵盖了地方依附的所有概念。类似地，可将旅游地地方依附定义为旅游主体（如游客、居民等）与所在旅游地之间基于情感（情绪、感觉）、认知（思想、知识、信仰）和实践（行动、行为）的一种联系，其中情感在旅游人地关系中占据核心地位
杨昀（2011）	心理学家对地方依附（place attachment）的概念几乎是一致的，即"意味着个体与特定地点在情感上的联结"
龚花和毛端谦（2013）	地方依附是指人对地方基于感情、认知和实践的依恋关系，这种关系来源于个人的价值观、认知、经验等，并受到地方的特质和属性的影响，所体现的是人在情感上与地方之间的一种深切的联结，是一种经过文化与社会特征改造的特殊的人地关系
敬静芬（2014）	地方依附是人与地方之间长期作用产生的一种情感联结关系，由人、地方和心理过程三部分组成，是行为地理学和环境心理学研究人与地方情感关系的一种常用方法
陈燕如（2014）	地方依附界定为：个人对特定地方的一种正面情感，最主要的特性为个人对该地方或场所维持亲密的归属感，而该地方或当地资源除了满足使用者的需求外，也会因个人对地方的强烈情感而被视为个人重要的一部分，并且因为与该地方经过长时间的接触与体验，对地方的环境或设施产生机能性的依赖与情感性的认同
Chen et al.（2014a）	地方依附是一个复杂的人地关系，包括两点：一是人们通过不同的方式与这个地方相关，二是依附到这个特定地方的深度和类型

根据上述定义,地方依附有以下几个特点:(1)地方依附是个人体验环境的经验等(林宗瑶,2010);(2)地方依附是个人在地方发展社会网络后所产生的情感联结等(Shumaker & Taylor,1983;杨昀,2011;敬静芬,2014);(3)地方依附是个人对于地方的长期感受等(Williams et al,1992;敬静芬,2014);(4)地方依附是地方的历史和文化影响个人对地方的评价等(龚花,2013;陈燕如,2014)。

结合本书研究将地方依附定义为:乡村休闲游客在造访某特定游憩地方之后,人与自然环境中融入或与环境互动产生休闲体验,透过在该地方可以满足自己的某种或某些需求而产生了依赖感,以及在情感的层面对这个地方产生的认同感、归属感和其他层面的表现。

五、环境负责任行为的含义

环境行为研究是研究人的行为与人所处的物质环境之间的相互关系,最早的研究可追溯至20世纪初,真正兴起于20世纪60年代的欧美。我国在这一领域的研究较晚,20世纪80年代初,建筑界的一些专家学者利用出国访问、学术交流或从事翻译等一系列活动,陆续从欧美、日本等发达国家引入有关的理论和方法,开始在建筑学等学科内从事研究,逐渐引起学科人员的广泛兴趣和关注,并开始以不同形式进入我国建筑系课堂(白丹丹,2012)。

对环境行为狭义的理解仅将环境行为定义为个体层面的行为或环境保护行为(崔凤和邢一新,2012)。对环境行为广义的理解,是指能够影响生态环境质量或者环境保护的行为。它可以是正面的、有利于生态环境质量的行为,如资源回收、使用环境友好交通工具等;也可以是负面的、有害于生态环境质量的行为,如浪费资源、乱扔垃圾等。关于环境行为的概念学术界目前还没有统一的界定,现有文献中的环境行为多指前者,指"人们有意识地控制个人行为,旨在减小对自然和人工世界环境的负面影响",环境行为的相似概念还有"环境负责任行为""亲环境行为""具有环境意义的行为"等(郭彬,2008)。

国外相关研究起步较早,学者们针对个体为何会采取对环境有利的行为进行了一系列的研究,而不仅限于旅游方面的研究。虽然名称不同,但其所指的意义是相同的,本书以环境负责任行为来表示这种保护环境的行为。笔者根据以往学者对环境负责任行为的一些定义进行整理,如表 2-7 所示。

表 2-7　环境负责任行为定义

学　者	定　义
Hines et al.（1987）	一种基于个人责任感和价值观的有意识行为,目的在于能够避免或者解决环境问题
王芳（2006）	人类的环境行为大致可以分为两大类:一类是建设和保护环境行为,另一类是消费和破坏环境行为。这里我们将前一类行为按日常生活的通识,称之为环境负责任行为
Steg & Vlek（2009）	环境负责任行为（environmentally responsible behavior, ERB）,也可称为环保行为、环保友好行为或亲环境行为,它是个体所表现出来的最小化环境负面影响的行为或有利于环境可持续利用的行为
董丽丽和于玲（2013）	环境负责任行为是人们基于个人的情感、认知价值观,为了环境保护和影响生态环境问题的解决而采取的有意识行为
Cheng et al.（2013）	环境负责任行为已成为可持续旅游发展的重要内容,提高游客的环境负责任行为已成为自然旅游目的地的重要工作
Chiu et al.（2014）	环境负责任行为是一种环境保护机制,游客的环境负责任行为帮助减少或避免旅游给生态环境带来的损害
范钧等（2014）	游客环境负责任行为是指游客在旅游过程中主动减少负面环境影响或促进资源可持续利用的行为
蒋璐（2015）	游客在生态湿地景区游览过程中,所表现出来的湿地环境负面影响最小化的行为或是有利于环境可持续利用的行为

用于描述保护环境的行为的术语有很多,如关注环境的行为（environmentally concerned behaviors）、行为的环境重要性（environmental significance of behaviors）、环境负责任行为（environmentally responsible behaviors）、亲环境行为（pro-environmental behaviors）（Kanao et al.，2015；Cheng & Wu 2014）。虽然名称不同,但其所指的意义是相同的,本书以环境负责任行为来表示这种保护环境的行为。

学者们对环境负责任行为一词定义的宗旨就是为了保护环境的可持续发展（Steg & Vlek，2009；董丽丽和于玲,2013；蒋璐,2015）。环境负责任行为已成为可持续旅游发展的重要内容,提高游客的环境负责任行为已成为自然旅游

目的地的重要工作(Cheng et al.,2013)。通过以往的文献回顾,本书将环境负责任行为定义为:游客在乡村休闲旅游过程中,所表现出来的尽量减少环境破坏甚至促进环境改善的行为或是有利于环境可持续利用的行为。

第三节 休闲农业的相关研究

一、休闲农业的相关研究

(一)休闲农业的起源

休闲农业起源于欧洲。1865 年,意大利创立了"农业与旅游全国协会",率先提倡城镇居民到农村去体验生活、从事农业旅游。其后,农业旅游成为意大利等欧洲国家发展最迅速的旅游产品之一,到 19 世纪末达到鼎盛时期,学术界称其为"绿色假期"(詹玲等,2010)。从历史唯物主义的角度来看,意大利当局发展农业旅游的初衷只是为了保护农业用地,避免乡村地区成为城市化的牺牲品(成升魁等,2005)。事实上,意大利最早倡导的农业旅游,本质上属于休闲农业的范畴。欧美发达国家的休闲农业,最先是作为农场的多种经营形式之一而产生并逐步发展的,主要特色在于农场主能够积极主动地为农业旅游消费者提供恰当的住宿、餐饮、度假、观光、游憩等消费服务(Nilsson,2002)。

国外休闲农业具有四个共性特征:一是休闲农业作为替代性的旅游产品,对拉动内需具有特殊意义。Dernoi(1983)认为休闲农场在欧洲由来已久,近年来其作为旅游资源和农村社区收入利润来源的重要性日益显现。二是休闲农业采用副业形式经营民宿、度假、游憩等服务,有效地增加了农场经营收入,提高了农业效益。Pearce(1990)认为观光农场尤其指农民以所有者的身份积极与小型旅游企业合作的一种经营形式。三是游客以自助游者居多,旅游消费相对便宜。四是强调教育、解说服务功能,为旅游消费者提供丰盛的农业知识,是一种科普和生态文明教育的措施之一。休闲农业的发展水平与经济社会发展水平及居民可支配收入状况是直接相关的,总体看来,休闲农业发展水平较高的国家一般都是经济发达国家。

(二)国外休闲农业相关研究

国外对休闲农业的研究,主要致力于对农业旅游服务项目和市场开发方面,在休闲农业与乡村旅游的可持续发展和宏观政策支援等方面的研究比较充分,研究方法也多种多样,包括个案研究、调查研究、实证研究和实验研究等,在理论研究层面则涉及质性研究和量化研究,在定量分析中还使用相关分析、回归分析、聚类分析、主因素分析等多元统计分析方法。

1. 休闲农业与农村经济发展、农民增收的研究

Oppermann(1996)以德国南部为个案研究对象,配合问卷调查,探讨德国南部地区的观光休闲农业住宿情形。研究结果发现,休闲农业受到季节性因素影响,暑假旺季期间其住房率高达约90%,寒假淡季期间约有15%,休闲农业经济收入效应明显。农村经济收入增加10%~25%,可提供更多就业机会,减少青年外流且维持农村人口结构平衡。Fleischer & Pizam(1997)在随后的研究中发现,虽然从总量上休闲农业的发展对以色列居民的就业没有太大的帮助,但是对于某些地方、某些群体,如农村妇女这样低收入群体却有很大的意义。以色列通过支持乡村旅游项目抵押贷款,增加了农民的收入,扩大了就业,特别是女性的就业。Sharpley(2002)认为在传统农业日益衰退的乡村发展休闲农业,将会成为促进农村居民收入增加和提高农村地区劳动就业机会的有效途径。

2. 休闲农业与乡村文化关系研究

Thompson(2004)对日本某乡村的研究显示,当地居民从事休闲农业的主要目的是维护地方传统、增强地方文化认同。Harper(2012)研究了当地的农作物与休闲生活的关系。一旦旅游者人数超过一定数量,乡村生活方式遭到破坏时,这种文化交流的正面意义也就会消失(Macbeth,1997)。休闲农业还可能

导致犯罪率上升、人口拥挤和个人私密的丧失(Garcia & Nicholls，1995；Macbeth，2005；Zhang & Schilling，2006)。

3.休闲农业与环境关系研究

国外学者还对休闲农业的环境效应进行了分析。对现光休闲农业持否定态度的人认为，发展休闲农业不利于对乡村环境的保护，游客络绎不绝的到访会导致乡村环境恶化和乡村景观被破坏(Maude & Rest，1985)；而支持者却认为，旅游从业者对周边环境关注颇多，总会竭力维护乡村景观，增加乡村环境的价值美学含量。从一定程度上来说，这种旅游活动可以改善乡村环境(Garcia & Nicholls，1995)。

(三)国内休闲农业的发展阶段

我国是一个古老的农业国家，有着悠久的农业历史和源远流长的农耕文明，全国各地自然条件和社会经济条件差异较大，为休闲农业提供了发展的内涵。郭红芳(2007)认为我国休闲农业作为一个有潜力的新型产业被很多人看好，但历经20多年的建设，仍然处于初步阶段，存在产品、经营、管理等诸多方面的问题。严贤春等(2011)研究认为国内休闲农业起步于20世纪80年代后期的"休闲农业游"。舒伯阳(1997)认为应把休闲农业发展阶段与特定时期的社会经济背景相对应，因而把我国休闲农业分为三个阶段：早期旅游萌芽阶段、初级经营阶段、成熟的经营阶段。张冬平和鲁怀坤(2009)将我国休闲农业的发展分为：第一阶段为20世纪90年代以前，是以观光参观为主的参观式农业旅游；第二阶段为20世纪90年代以后至21世纪初，这一时期主要为以观光、采摘、垂钓等相结合的体验式农业旅游；第三阶段为20世纪以来，休闲农业进一步拓展为观光、休闲、度假、采摘、娱乐、体验、学习、科普、健康等综合性旅游农业。高志强和高倩文(2012)认为我国自古存在休闲农业雏形，但现代休闲农业应分为萌芽催生期、初步发展期、快速发展期、规范发展期。

台湾是我国最早发展休闲农业的地区，1969年台湾的农业生产领域出现了二战以后的第一次衰退，从而影响经济发展。为了使农业尽快走出困境，加速农业领域的产业升级、转型，提高农民收入，以观光、休闲、体验、度假为主要特征的休闲农业在台湾省开始兴起,并逐渐进入快速发展阶段(耿红莉,2011; 秦志红,2013)。

休闲农业在台湾具体表现为农业与旅游服务业的有机结合,是一种新型农业经营方式和新兴旅游产品。它主要通过利用农村自然景观、农业农田景观、农业生产设施、农业生产过程、农业文化、农家生活等,为旅游消费者提供观光、休闲、旅游服务,是一种供消费者体验农情、了解农村、了解农业的经营活动。

台湾休闲农业主要有以下类型:观光农园、教育农园、休闲农场、市民农园、民俗民宿、休闲旅游。保育自然与文化资源、改善农业生产结构、增加农村就业机会、提供田园体验机会、促进农村社会发展、提高农民收入是台湾发展休闲农业的目标(张扬,2010)。

宋书彬(2006)将台湾休闲农业的发展归纳为:自然发展时期(1980 年以前)、观光农园时期(1980—1990 年)、休闲农业区时期(1991—1994 年)、休闲农业区场时期(1995—2000 年)、休闲农渔园区时期(2000 年以后)(段兆麟, 2010)。徐晓莉(2006)则将台湾休闲农业发展归结为四个阶段:萌芽阶段、观光阶段、度假阶段和租赁阶段。

(四)国内休闲农业研究热点问题

中国的休闲农业起步较晚,自 1995 年 5 月 1 日实行双休日制度以后,休闲农业才开始步入快速发展阶段。由于参与休闲农业的旅游者大多来自城市,他们选择农村作为休闲场所,主要是想获得不同于城市生活的一种体验与感受(赵航,2012)。由于休闲农业具有融生产性功能、服务性功能于一体的特性,休闲农业在发达国家已经得到了长足的发展,显示出旺盛的生命力;近年来也在我国获得了较快的发展,得到了各地政府的重视和推动,成为农业和旅游业纵深发展过程中的开发热点和经营亮点。

1.休闲农业对环境的影响研究

肖君泽(2009)认为休闲农业在改进农村基础设施建设、改善农民居住环境、保护自然资源等方面起到一定的示范作用。国外学者对休闲农业旅游的效应主要有两种态度:反对者认为发展休闲农业旅游不利于农村环境保护,旅游者增加会使乡村环境恶化、自然景观破坏;而支持者认为旅游从业者对周边环境关注颇多,会尽量维护乡村景观,一定程度上可以改善乡村环境(伍婷,2014)。俞文正(2001)、张杉(2004)、范水生(2008)等充分肯定了发展休闲农业改善了环境质量,加强了城乡联系,满足了城市居民回归自然的愿望。

2. 休闲农业的产业化发展研究

张桂华(2012)开展了休闲农业品牌形象结构模型的实证研究。刘军等(2012)进行了湖南休闲农业空间布局研究。曾芳芳和朱朝枝(2012)在休闲农业开发理念方面进行了一定的研究。俞文正(2001)、张杉(2004)、范水生(2008)等充分肯定了休闲农业的发展对于农村地区经济的积极作用,指出休闲农业有利于实现农业资源的高效利用、增加就业机会、提高农民收入并带动相关产业发展,优化了农业产业结构。朱丽萍(2011)在研究中指出休闲农业的发展对推动农村经济发展、实现农业产业结构调整和社会主义新农村建设具有十分重要的现实意义。

3. 休闲农业带动区域农民脱贫致富等相关研究

汤曼和冯国林(2004)、李周和操建华(2004)的研究表明,开展休闲农业的农民收入明显高于其他的农民。李周等以贵州、云南的少数民族乡镇为研究对象,表明农民得到了农村地区旅游业的大部分就业机会和收入,认为开展农村地区的旅游业对脱贫致富、提升农业竞争力、调整农村产业结构、促进农村地区非农化和城镇化都有积极作用。张文(2007)认为休闲农业是实现缩小城乡差距、构建和谐社会的一个重要途径。黄巍(2014)认为休闲农业作为一个新兴产业,是农业结构调整的重要动力,是农村环境改善的实用工具,是农民收入增加的有力筹码。

从我国休闲农业研究的整体情况来看,早期的研究内容主要是休闲农业的概念讨论,其后逐步涉及发展现状与发展背景研究(史学楠,2012;鲁青,2014;郑伟俊,2015;段理,2015)、个案分析或区域发展现状分析(杨伟等,2012;石静和李砚,2015;郭玲女,2012;韩施雨和肖艳伟,2015)、发展对策和发展模式研究等(李嘉和何忠伟,2011;黄维琴等,2012;张胜利,2014)。总体看来,我国休闲农业研究工作深度不够,空白研究领域仍然很多,需要学者和休闲农业经营者的进一步研究和积极探索。

二、休闲农业的功能与资源开发的主要模式

(一)休闲农业的功能

作为一种由农业与第二、三产业有机融合而衍生出的旅游新业态(赵航,2012),休闲农业从其自身的内涵和特点来看,具备以下几种主要功能(蔡尚惠等,2015)。

经济功能:在农村地区,增加就业机会,提高农村收入,创造一个繁荣的农村经济。

社会功能:促进城镇居民、农村村民和农村之间的相互作用,进一步扩大农民的社会网络,并缩小城乡差距,提高农村地区的生活质量。

教育功能:为城市居民提供机会,了解农业,教育他们在种植物和牲畜饲养的过程中,体验农村生活,体会农村的文化和生态系统。

环境功能:改善和提高农村环境质量,保护自然景观和生态系统。

休闲功能:提供休闲活动和乡村休闲旅游的公共设施。

治疗性功能:提供休闲活动,让人们近距离地接触自然景观和生态系统在农村地区的公共区域,有助于缓解日常工作压力,恢复平静的心态和身体。

文化遗产:确保乡村的独特方式、文化和民间艺术的保存。同时,乡村旅游有利于营造独特的农村文化建设和文化资产。

(二)休闲农业资源开发的主要模式

利用田园优美的生态环境和景观资源,让人们回归自然,享受大自然的恬静和安详,放松疲惫的身心。这一模式主要有以下几种类型。

(1)田园观光型:利用独特的资源优势,供赏花赏果,开展采摘活动;

(2)休闲度假型:利用良好的自然景观和生态环境、秀丽的田园风光、田园生态别墅、游憩场所、配备休闲设施,吸引距离较远的城市游客来度假休闲;

（3）农事体验型（农家乐）：傍依田园风光，利用农村特色的地域文化和民俗习惯，农户利用具有乡村特色的房舍，开设农家休闲旅馆，让游客吃农家饭、品农家菜、住农家屋、娱农家乐、购农家品，满足让游客的民俗乡情的体验需求。

三、休闲农业与农家乐的关系

（一）农家乐的起源与研究现状

农家乐是中国休闲农业在不同发展阶段的一种基本形态，农家乐诞生于庭院经济时期，属休闲农业的初步发展阶段，是传统农业与旅游相结合的产物，是国家经济发展到一定程度后转变农业发展模式的必然产物（张红喜，2013）。在西方并没有"农家乐"一词，一些西方国家将其称作乡村旅游，称谓的差异主要是由文化及地区差异所造成的。因此，国外的乡村旅游是"农家乐"旅游的最初模型（胡卫华和王庆，2002）。随着国家对"三农"问题越来越重视，农家乐在此背景下发展迅猛。我国对于农家乐旅游的研究在 20 世纪 90 年代中期才真正起步，目前有关研究文献不多。其研究主要集中在几个方面：农家乐起源、概念、特点、类型；农家乐开发条件、优势、意义、措施。众多学者从各个方面对农家乐旅游进行深入探讨，主要是对农家乐旅游发展的现状、存在的问题和对策的研究，且基本以定性研究为主（潘国芳，2012）。

1.农家乐的发展模式

尤海涛等（2012）提出国内乡村旅游经历了从较早的驴友在资源特色型乡村的自发活动到以"农家乐"或"民俗村"为代表的乡村旅游发展初级阶段，再到景区化的乡村旅游的快速发展，其中"农家乐"为代表的自发发展模式及政府主导下的外来资本经营管理的景区化发展模式成为现阶段我国休闲农业与乡村旅游的常见形态。潘革平（2009）认为"农家乐"生态旅游的发展模式并不需要大量的资金投入，只需依赖和合理配置当地的自然资源和文化资源，适度规模经营，就能极大地促进农村地区经济增长，增加农民收入。从活动内容来看，我国农家乐旅游包括了森林公园模式、度假区模式、野营地模式、观光购物农园模式、租赁农园模式、休闲农场模式、农业公园模式、教育农园模式、农村留学模式、民俗文化村模式、乡村俱乐部模式等 11 类模式(温芳,2005)。

2.农家乐的其他相关研究

有学者对农家乐的选址与空间布局进行关注和研究,如刘晓霞等(2011)认为我国农家乐按旅游接待地的空间布局大致可分为三种类型:都市郊区型、景区边缘型、交通沿线型。费娇娇(2013)将安吉县农家乐作为研究对象,以农家乐空间区位选择为研究重点,通过对安吉县几个农家乐经营户的问卷调查,运用层次分析法构建了一个农家乐空间区位选择评价指标体系,以此来分析与比较。也有学者对农家乐的游客满意度及重游意愿进行关注和研究,如戴罗莉(2010)基于旅游体验分析了游客满意度及其影响因素、期望值与满意度之间的差异,了解游客选择农家乐的消费形态,为政府和经营者提供一些改善农家乐经营管理的建议。鲁娟(2012)研究了"农家乐"中旅游体验与游客重游意愿之间的影响关系。张涵(2013)提出农家乐游客的重游意愿影响因素分别为:目的地形象、实际感知与总体满意度、忠诚度和时间维度、游客自身背景。还有一些学者针对某一区域的农家乐进行产业研究及策略研究,例如在农家乐旅游项目的开发和建设上,刘魏(2012)认为农家乐旅游的开发应以可持续发展和低碳理论为主指导,大力发展低碳农家乐,并以北京郊区为例,提出了其发展低碳农家乐的举措。张文莲(2013)在分析体验旅游及理论发展模型的基础上,阐述了体验旅游与农家乐可持续发展的融合,实证列举了绍兴市农家乐体验旅游项目开发所取得的成效。潘国芳(2012)以杭州农家乐旅游为研究对象进行实证分析,从而来探讨杭州市农家乐旅游发展的策略。袁海峰(2014)在 SWOT 分析的基础上,对临安市农家乐旅游可持续发展进行研究。

(二)农家乐是休闲农业的一种旅游形式

"农家乐"旅游产品至今没有一个社会公认的权威的概念,较全面的是田喜洲(2002)在《休闲旅游"农家乐"发展探讨》一文中提出的"农家乐"的含义。他提出狭义和广义两种概念。我们平常所说的"农家乐"属于狭义的"农家乐",从购买者的角度来讲,它是指游客在农家田园寻求乐趣,体验与城市生活不同的乡村意味;从经营者的角度来讲,它是指农民利用自家院落所依傍的田园风光、自然景点,以低廉的价格吸引市民前来吃、住、玩、游、购、娱的旅游形式。

而广义的"农家乐"源于农业的概念,即广义的农业,它包括农、林、牧、副、渔,所以广义的"农家乐"概念不仅包括狭义的"农家乐",还包括"林家乐""渔家乐"等形式。

根据文献整理以及本人对农家乐旅游的研究范畴的界定农家乐是指游客来到乡村,以农民家庭为基本接待单位,以农村自然生态环境、浓郁民俗风情、淳朴乡土文化为载体,以"吃农家饭、住农家屋、干农家活、享农家乐为特征"的一种短时间可到达的休闲农业旅游形式。在中国对休闲农业、农家乐旅游的概念界定没有一个规范的定义,笔者将两者的关系列于表2-8中加以说明。

表 2-8　休闲农业与农家乐概念区分

类型	地域	经营主体	活动形式	旅游吸引物
农家乐	城市外、城郊、农村	农民、家庭	别有情趣的农家体验、乡村户外活动,乡村生态观光的休闲度假	农家生活,田园风光
休闲农业	农村	农民、公司、政府	依托农业开展休闲活动	农业、田园景观

四、小　结

综合国内外研究文献,农家乐是基于休闲农业发展起来的具有中国特色的休闲农业旅游,我国专家学者也已经开始从多学科、开放的角度对农家乐旅游的经营模式、可持续发展、农家乐旅游和"三农"问题等进行研究,并且注重理论和实践的结合,为农家乐旅游的进一步发展壮大提出了很多建设性的意见与建议。但是,目前众多的研究仍然停留在农家乐旅游的概念、现状和存在问题等方面,对与农家乐地方依附相关的游客行为意向及环境行为分析较少,研究成果对各地有诸多不适应之处,其推广价值也有一定的局限性。因此,我们必须从杭州当地农村经济社会发展的具体实际出发,探索适合本地农家乐发展的有效途径。

第四节 休闲涉入的相关文献整理

一、涉入和休闲涉入

(一)休闲涉入的起源

"自我涉入"(involvement)最早由 Sherif & Cantril 提出,他们认为自我涉入是个体由某种外界刺激或情境所引起的感知,即其与个体的相关程度(Sherif & Cantril,1947)。从 20 世纪 70 年代起,涉入理论开始受到营销学领域学者的普遍关注。Krugman 最早对涉入理论进行了研究,认为消费者对某种产品的自我涉入程度会受到产品、广告以及其交互作用的影响(Krugman,1965)。Rothschild 认为涉入是一种不能察觉的状态,可以是一种动机、激励或兴趣(Rothschild,1984)。此后,涉入理论被广泛应用于消费者行为学、营销学等领域的研究中。Selin & Howard(1988)整合自我涉入与休闲相关研究后,在休闲领域引起了广泛的注意和兴趣,他认为自我涉入存在于个体与休闲活动之间,是参与休闲活动所获得的愉悦与自我表现的程度。

(二)涉入理论在休闲领域中的相关应用

涉入的观念于 20 世纪 80 年代逐渐被运用于休闲、游憩领域的研究中,有对其含义的关注(Havitz & Dimanche,1990),研究主题包括休闲与游憩涉入的定义、涉入维度的建立、不同休闲活动的涉入程度(Havitz & Dimanche,1997)、不同涉入程度参与者的游憩行为及涉入理论在休闲服务事业的运用等(Pritchard et al.,1992)。很多休闲领域的研究经由休闲涉入程度来了解个人对活动的相关程度、满意度及消费行为等,涉入程度不同,产生的影响也不尽相同。

1. 休闲涉入的个体差异研究

休闲涉入在个体之间具有差异,不同个人对于不同活动将产生不同的涉入程度。Slama & Tashchian(1985)在消费涉入与社会经济学、人口统计学变量关系研究中,发现性别、受教育水平、收入和家庭生命周期的阶段等人口统计学对消费涉入有显著的影响。不同年龄段的游客群体,其游客涉入存在显著差异。不同职业的游客群体在游客涉入方面存在显著差异(蒋璐,2015)。吴波(2012)研究证实温泉休闲者的性别、年龄、职业、文化程度、月收入对休闲涉入有部分显著差异影响。

2. 休闲涉入量表的研究

学者们验证了 PII 量表(personal involvement inventory,个人涉入量表)和 CIP 量表(consumer involvement profile,消费者涉入量表)在测量休闲涉入的有效性,Jamrozy et al. (1996)运用 CIP 量表和 PII 量表分别测量旅游意向与休闲涉入程度,发现两个量表都可以得到有效的涉入测量结果。Gursoy et al. (2003)检测了 CIP 量表在国际旅游者涉入程度研究中的有效性和可靠性,经分析得出国际休闲旅游者的涉入包括三个维度:愉悦/兴趣(pleasure)、感知风险的可能性(risk probability)、感知风险的重要性(risk importance)。

3. 休闲活动的涉入程度研究

为了更准确测量休闲活动的涉入程度,有些学者在 CIP 和 PII 量表的基础上总结出了休闲涉入的维度。当投入休闲活动时,游客将感受到许多平时较少显现的心理状态,如兴奋、狂热和专注等,这些都会直接影响到游客的满意程度(Havitz & Dimanche,1997;Hwang et al. ,2005)。个人的涉入程度越高,他们越可能体验到有关于产品、服务或是情景的满意度(陈弘庆,2007)。较高涉入者会更认同他所参与的活动,且此活动会成为生活中关注的焦点(Siegenthaler & Lam,1992)。很多研究指出,休闲涉入程度同活动及活动准备的相关知识、参与频率和参与强度、参与时间和意见领袖正向相关(Havitz & Dimanche,1999)。

4. 休闲涉入对相关变量的影响研究

现阶段的研究比较集中于休闲涉入对休闲体验、游憩体验、旅游目的地偏好、行为意图这四个变量的影响。如在休闲体验方面,台湾学者李文贵(2007)在文章中以屏东海洋生物博物馆为例指出休闲涉入对休闲体验是显著正相关的。方怡尧(2002)在研究中以北投温泉为例指出休闲涉入与游憩体验之间存在正相关关系。Lee et al.(2008)以日本为例,研究了日本人在韩国明星的影响下对韩国的感知,结果得出明星的涉入程度对旅游目的地的熟悉度和游览意图有正向的影响。

除此之外,Nyaupane et al.(2006)运用控制性比较的方法得出,在旅游发展过程中,尼泊尔安纳布林那山居民涉入程度要高于中国云南地区,并给出了提高居民涉入程度的相关意见。

休闲涉入被证明对各种类型的休闲行为都具有很强的影响力(Havitz et al.,2013)。张雅静和胡春立(2015)以宁波生态休闲农庄为例研究休闲农庄游客休闲涉入、休闲效益与行为意向关系,结果发现休闲涉入对行为意向的影响较为显著。Cheng(2015)在研究中发现休闲涉入对登山者的休闲参与有显著的影响。在消费者行为决策中,休闲涉入是一个很重要的调节变量(Havitz et al.,2013)。

二、休闲涉入的维度

在休闲领域中,多位学者认为涉入应同时用包含行为涉入与社会心理涉入两种层面来衡量(Gunter & Gunter,1980;Kim et al.,1997)。行为涉入是指能够真实反映个人参与休闲活动的情形,是具体能表现的外在行为模式(Stone,1984)。社会心理涉入是指能够使个人参与休闲活动的内在心理感受,意指个体与某一游憩活动与其相关产品之间的一种认知及兴趣的唤起(Havitz & Dimanche,1999)。

Kapferer & Laurent(1985)提出的涉入测量模型共五个维度,分别是重要性(importance)、愉悦性(pleasure)、象征性(symbolism)、风险性(risk probability)和风险结果(risk consequence)。基于 Kapferer & Laurent(1985)的研究,Mcintyre & Pigram(1992)提出了包括吸引力(attraction)、自我表现(self expression)及中心性(centrality)三个维度的活动涉入概念框架。Kyle et al.(2007)提出了测量涉入的 MIS(modified involvement scale)量表,该量表包括

五个维度,分别是吸引力(attraction)、中心性(centrality)、社会联系(social bonding)、身份确认(identity affirmation)、身份表现(identityexpression)。Mcintyre & Pigram(1992)将休闲涉入的维度定位为重要性(importance)、愉悦性(pleasure)、自我表现(self-expression)、中心性(centrality),而后进一步将其简化为包括吸引力、自我表现及中心性三个维度的量表。Havitz et al.(2013)提出了吸引力、自我意识、社会关系、中心性、自我表现五个维度的量表。余勇和田金霞(2013)从行为层面(频率、花费、其他投入)和社会心理层面(重要性、愉悦性、象征性)对休闲涉入进行维度分析,详情见表2-9。

表2-9　休闲涉入的维度分类

学　者	休闲涉入维度
Kapferer & Laurent(1985)	重要性、愉悦性、象征性、风险性、风险结果
Mcintyre(1989)	吸引力、自我表现、中心性
Havitz & Dimanche(1990)	重要性、愉悦性、象征性、风险性、风险结果
Mcintyre & Pigram(1992)	吸引力、自我表现、中心性
Havitz & Dimanche(1997)	重要性、愉悦性、象征性
Wiley et al.(2000)	吸引力、自我表现、中心性
Bricker & Kerstetter(2002)	重要性、愉悦性、自我表现、中心性
Kyle et al.(2003)	吸引力、自我表现、中心性
Iwasaki & Havitz(2004)	吸引力、象征性、中心性
Kyle & Mowen(2005)	吸引力、自我表现、中心性
Hwang et al.(2005)	重要性、愉悦性、自我表现、象征性、风险性、风险结果
Chen et al.(2006)	吸引力、自我表现、象征性、中心性
Kyle et al.(2007)	吸引力、中心性、社会联系、身份确认、身份表现
Gross & Brown(2008)	吸引力、自我表现、中心性
Lee et al.(2008)	感知涉入、认知涉入
叶珮如(2010)	吸引力、中心性、自我表现
张宏梅和陆林(2010)	娱乐/兴趣、风险性、风险结果
张玲(2010)	吸引力、自我表现、中心性
Jun et al.(2012)	吸引力、中心性、社会关系、身份认同、身份表现
Havitz et al.(2013)	吸引力、自我意识、社会关系、中心性、自我表现
余勇和田金霞(2013)	行为层面(频率、花费、其他投入)和社会心理层面(重要性、愉悦性、象征性)

对已有涉入测量的相关研究的梳理和分析不难看出,通过吸引力、中心性和自我表现三个维度来衡量涉入的方法更为学者们所广泛采用(董文珍,2014)。根据上述学者的论述,将三个变量所代表的含义分别加以解释。(1)吸引力:指消费者与参与者对活动或产品所产生的重要性与兴趣,并且包含了参与者或消费者使用后所得到的愉悦感(Funk et al.,2004)。(2)中心性:对休闲活动参与者而言,中心性代表参与者的休闲活动对生活形态所产生的影响及在其社交网络图中相关程度(Havitz & Dimanche,1997)。中心性也可以说是个人对全面整体性生活形态的把控程度(Kyle et al.,2003),其涵盖的范围会围绕活动与其生活社交网络圈本身(如家人或朋友)。(3)自我表现:个人借由消费购买或参与的行为来呈现象征性的价值展现,系指自己可以用来说服他人参与活动的印象,即个体追求实现自我概念,并进一步透过参与及认同此活动来强化个人的形象(Selin & Howard,1988)。

三、休闲涉入的测量

(一)消费者涉入量表 CIP

Kapferer & Laurent(1985)认为单维度量表不足以衡量涉入的各个影响因素,应该使用一个多维度量表,即 CIP 量表。CIP 量表测量了五个前因变量,以此来衡量消费涉入水平,这五个方面的内容包含:重要性(importance)、愉悦性(hedonic value)、象征意义(symbolic value)、风险性(risk probability)、风险结果(risk consequence)。量表 CIP 得到了广泛的运用,对消费涉入多重维度的测量,克服了 RPII 量表的不足,不仅能衡量消费者对某种产品的涉入水平,也能从各细分维度表现消费涉入程度。

(二)EI 量表(enduring involvement)

Mcintyre(1989)将 CIP 量表应用到对休闲行为的研究中,提出 EI 量表(enduring involvement),用来测量个体对休闲活动的持久涉入程度,包含四个维度:重要性、愉悦性、自我表现、中心性。该休闲涉入量表共编制 13 个问题项,经过因子分析后将重要性因子、愉悦性因子合并成吸引力因子,而成为三个维度:吸引力、自我表现、中心性。其后,Mcintyre & Pigram(1992)对 EI 量表进行了修正,编制了 21 道题项,涵盖重要性、愉悦性、自我表现、符号意义、风险性、风险结果六个层面,专门用来测量游客涉入。该量表具备了良好的信度与效度,在对旅游涉入的测量上可使用该量表。

(三)Revised PII 量表(RPII)

Zaichkowsky(1994)提出单维度测量量表 PII。Zaichkowsky 开发了由 20 道测量题目构成的 PII 量表,包括三个方面的内容:需求(needs)、价值(values)、兴趣(interests)。一些学者在使用该量表进行问卷调查时发现,被调查对象普遍反映问卷内容语义不明确。针对这一实际应用问题,Zaichkowsky 重新修正 PII 量表,将题目简化为 10 道题项,形成 Revised PII 量表(RPII)。新的量表修正了 PII 量表的缺陷,既可以测量消费涉入,也可以测量个体活动涉入,但由于该量表仅从单维度来测量涉入,因此不能全面体现个体在不同维度的涉入水平。

四、小 结

在休闲游憩领域上,有多位学者指出涉入应同时用包括行为涉入与社会心理涉入两个层面来衡量(Gunter & Gunter,1980;Kim et al.,1997)。回顾上述相关学者对休闲涉入测量变量的研究,可明显看出休闲涉入的测量主要分为两个维度:一是行为层面的测量,二是社会心理层面的测量。行为层面主要从游憩者外在行为特征来测量涉入程度(如参与次数、参与频率、花费多少),心理层面主要从旅游者的内在心理状态来反映涉入程度。在探讨休闲涉入时,学者所提出来变量不尽相同,但仍然可以发现大多数的学者使用由"吸引力""自我表现""中心性"的休闲涉入维度来作为休闲涉入的基准,这一基准被很多学者广泛运用并得以检验(Moore & Graefe,1994;Kyle et al.,2003;Kyle et al.,2007;曹胜雄和孙君仪,2009;曾诗馨和李明聪,2010;Havitz et al.,2013)。本书根据 Havitz et al.(2013)等学者将吸引力、自我表现、中心性作为研究变量,采用 EI 量表进行问卷调查。目前关于休闲涉入的研究在国内还非常滞后,这与全国民众休闲实践活动的风生水起极不相称,这也是本选题的积极意义所在。

第五节　休闲体验相关文献综述

一、休闲体验源自"休闲＋体验"

(一)体验是休闲的内在要求

国内外学者对于休闲的研究与论述颇多,不过到目前为止,对于休闲仍然没有统一的定义。英文的休闲"leisure",来自拉丁文中"licer",意味着自由的"(to be free)"、准许,这意味着休闲是人为了愉悦自己自由参与的,并依自由意志决定继续与否(McLean & Hurd,2014)。休闲是生活所必须从事活动外的自由时间(Robinson et al.,2013)。首先休闲也是一种经由自主选择决定、有意识的行动,同时休闲着重于行动过程中感受、体验和行动的结果与意义(高俊雄,1996)。休闲是一种人们在自由时间内所参与的活动,并借由这项活动来获得满足的感觉,休闲并不是产品,从古至今一直是一种很普遍的社会现象(陈慧玲和吴英伟,2009)。Mclean & Hurd(2014)从六个视角对休闲进行阐述,分别为古典主义视角的休闲、作为社会地位象征的休闲、自由时间的休闲、活动视角的休闲、自由主义的休闲、精神表达视角的休闲。

无论如何界定休闲,我们都无法否认休闲在本质上是一种摆脱限制的自由,一种自我超越的状态。这种自由和状态在本质上是一种摆脱各种束缚和压力之后的自由心境和心理体验。正因为如此,休闲学把体验视为休闲的过程。从这个意义上来说,体验是休闲的内在要求。休闲中的体验孕育着丰富的内涵,它不只是行为或活动事件本身,而且始终伴随着意义的生成、感觉的延宕、状态的持续和情景的展开。于是,由主体的内在感知所促发形成的"休闲体验"便自然进入了我们的研究视域(武旻,2008)。

(二)体验经济时代的休闲旅游者消费特点

社会经济发展是旅游消费演变的主要动因,伴随着社会经济迅速发展必将带来旅游产业发展的深刻变化。随着旅游业从服务经济转向体验经济,旅游者的消费观念和消费方式发生了多方面的变化,并使旅游消费者需求的结构、内容、形式发生了显著变化,体验经济时代的休闲旅游者消费呈以下几大特点(梁强,2008)。

1.需求综合复杂

休闲旅游者因为受时间限制,期望在较短的时间内和较小经济支出的同时获得尽量多的收益。从旅游者的消费需求结构看,注重产品质量的同时增加情感需求的比重,偏好那些能与自我心理需求引起共鸣或实现自我价值的集知识性、娱乐性、参与性于一体的旅游产品。

2.渴求主动参与

从接受旅游产品的方式看,休闲旅游者由被动变为主动参与旅游产品,他们需要能产生共鸣的"生活共感型"旅游产品,在休闲旅游过程中,旅游者积极参与体验丰富多彩的生活,以充分发挥自己的想象力、劳动力和创造力来获得更大的成就感、满意感。

3.环保绿色消费

休闲旅游消费者的公益环保意识增强,绿色旅游需求的呼声越来越高。随着人们物质水平的提高,旅游消费者公益意识不断加强,特别是近年来随着国际旅游市场国内化、国内旅游市场国际化,人们更加意识到旅游业的环保性,重视生活质量,追求永续消费。

4.消费的集中性及非季节性

休闲旅游者在时间上的选择大多是双休日和其他法定假日,这些时间段全年分布较为均匀,但也是休闲旅游最为集中的时间。此外,寒暑假也显示出日益明显的休闲消费效应。较快的城市化进程、紧张的生活使人们对节假日格外珍惜,同时休闲活动可以根据季节的不同而进行交替,因此休闲旅游市场在消费的季节性不强。

二、休闲体验的衡量

Neulinger(1981)认为构成休闲体验的两个要素是觉知自由和内在动机。Gunter(1987)在参与休闲活动中,发现有八项共通的休闲体验。Csikszentmihalyi & LeFevre(1989)建立休闲体验量,并参考多位学者休闲体验题项与维度自行汇整编制成九个维度衡量,分别为情感、活力、满足感、放松、创造性、投入、自由感、硬件、社交及整体休闲体验。Rossman(1989)认为休闲体验是由一连串的影响因素所构成,其中包括人们的相互影响、自然环境、主要课题、活动规划、活动关系及激励六个关键因素。Lee et al.(1994)研究发现休闲体验具有正向和负向的感受,正向的体验包含愉悦、好玩、放松与自由选择;负向的体验包含担心、不安、失望、罪恶感。在休闲活动参与中可能有负向的情绪产生,但事后回想时,却多是正向的体验。王震宇(1995)将休闲时间所做的活动和所得到的经验,通称为休闲体验,可以用自由感来将休闲体验再区分为"一般休闲体验"与"深度休闲体验"。李淑任(2005)针对台中市咖啡馆消费者休闲体验进行研究,采用 Csikszentmihalyi & LeFevre(1989)建立的休闲体验量表,并参考多位学者休闲体验题项与维度,把休闲体验分成九个维度,分别为情感、活力、满足感、放松、创造性、投入、自由感、社交及整体休闲体验。李文贵(2007)以屏东海洋生物博物馆为例进行研究,将休闲体验分成五个维度,分别为感官体验、情感体验、思考体验、行动体验、关联体验。陈美芬和邱瑞源(2009)对游客休闲体验与旅游意象进行研究,研究显示休闲体验可分成五个维度,分别为感官体验、情感体验、思考体验、行动体验、关联体验,其中以感官体验最受到重视,其次为关联体验,最不受重视的为情感体验,其次为行动体验,且在年龄、文化程度与休闲体验有显著差异。吴波(2012)在温泉休闲者的休闲涉入与休闲体验研究中,将休闲体验的维度分为价值体验、感官体验、情感体验、精神体验、满意体验。笔者将相关学者对休闲体验的衡量汇总成表 2-10。

表 2-10 休闲体验维度分类

学 者	观 点
Neulinger(1981)	构成休闲体验的两个要素是觉知自由和内在动机
Unger & Kernan(1983)	根据 Mannell 对休闲体验的定义,综合过去有关休闲主观经验的文献,提出休闲体验的成分包含: 1. 内在满足感:让人感觉到满足且快乐; 2. 自由感:让人感觉到自由自在、不拘束; 3. 投入感:在高度投入活动中,认为是某种程度的逃避现实; 4. 兴奋感:有追求新奇、刺激、不确定的感觉; 5. 精进感:考验自己、征服环境的感觉; 6. 自发感:不照计划、出乎意料的愉悦感
Gunter(1987)	在参与休闲活动中,有八项共通的休闲体验: 1. 分离感:休闲即是从日常生活中分离出来的感受; 2. 快乐:愉快的感受; 3. 自发性:按照自己的想法来行动; 4. 不受时间影响:不受时间的局限影响; 5. 想象、幻想:创造性想象; 6. 冒险、探险:具有新鲜奇特的感觉、探索性感受; 7. 选择自由:自由选择从事的休闲; 8. 自我实现
Csikszentmihalyi & LeFevre(1989)	以七种变量检验个体的主观休闲体验,包含情感、活力、专注度、创造力、动机、满足感与放松性等
Rossman(1989)	休闲体验是由一连串的影响因素所构成的,其中包括人们的相互影响、自然环境、主要课题、活动规划、活动关系及激励六个关键因素
Lee et al. (1994)	休闲体验具有正向和负向的感受,正向的体验包含愉悦、好玩、放松与自由选择;负向的体验包含担心、不安、失望、罪恶感。在休闲活动参与中可能有负向的情绪产生,但事后回想时,却多是正向的体验
王震宇(1995)	用自由感来将休闲体验再区分为"一般休闲体验"与"深度休闲体验"。自由感是休闲体验中最重要的特质,也是最关键的决定因素
Pine & Gilmore(1998)	让人们感觉最丰富的体验是同时包含娱乐、教育、遁世、美学四个类型"甜蜜地带"

续表

学　者	观　点
Dubé & Schmitt(1999)	1. 感官(sense)体验:感官体验的诉求目标是运用视觉、听觉、嗅觉、味觉与触觉达成刺激的过程。 2. 情感(feel)体验:情感体验的诉求目标是在触动消费者内心深处的感情与情绪; 3. 思考(think)体验:思考体验的诉求目标是挑起消费者进行集中与分散的思考; 4. 行动(act)体验:行动体验的诉求目标是创造与身体、较长期的行为模式与生活形态相关的消费者体验; 5. 关联(relate)体验:关联体验的诉求目标是与较广的社会与文化环境产生关联,借由社会意义与消费者的互动,产生有力的体验
Cordes & Ibrahim(1999)	认为休闲体验包含三个元素: 1. 自由的知觉:随性参与并且离开; 2. 自主性活动:参与自己喜欢的活动; 3. 有益的结果:从事有益的活动
赖政斌(2002)	针对广州东莞地区台商休闲体验进行研究,利用访谈从三方面探讨休闲体验: 1. 心理需求:探讨人们的休闲态度,即人们的特殊想法、感觉或实际做法等; 2. 主观经验:调查人们表达的观点,因为每个人的休闲经验都有所不同; 3. 休闲体验效益:放松、娱乐、个人发展,由此分析了解人们的休闲体验情况
邹统钎和吴丽云(2003)	教育体验、娱乐体验、移情体验、审美体验、逃避体验
林映秀(2005)	教育体验、娱乐体验、审美体验、逃避体验
李淑任(2005)	针对台中市咖啡馆消费者休闲体验进行研究,采用 Chikszentmihalyi & LeFever(1989)建立的休闲体验量表,并参考多位学者休闲体验题项与维度,把休闲体验分成九个维度衡量,分别为情感、活力、满足感、放松、创造性、投入、自由感、硬件、社交及整体休闲体验
魏小安(2005)	教育体验、娱乐体验、审美体验、刺激性体验
李文贵(2007)	以屏东海洋生物博物馆为例,对游客休闲涉入、休闲体验与满意度关系进行研究,结果显示休闲体验可分为五个维度,分别为感官体验、情感体验、思考体验、行动体验、关联体验
陈美芬和邱瑞源(2009)	对游客休闲体验与旅游意象进行研究,结果显示休闲体验可分为五个维度,分别为感官体验、情感体验、思考体验、行动体验、关联体验

续表

学　者	观　点
彭玺(2010)	从放松逃避、文化求知、情感交流、审美体验四个方面来衡量游客的旅游体验
吴家祺(2011)	1.内在满足感:让人感觉到满足且快乐; 2.自由感:让人感觉到自由自在、不拘束; 3.兴奋感:有追求新奇、刺激、不确定的感觉; 4.投入感:在高度投入活动中,认为是某种程度的逃避现实; 5.自发性:不照计划、出乎意料的愉悦感
李凌(2011)	教育体验、娱乐体验、移情体验、审美体验、逃避体验
吴波(2012)	价值体验、感官体验、情感体验、精神体验、满意体验

从休闲农业的起源与发展来看,根据休闲农业的特色及功能性,本书结合林映秀(2005)休闲体验的维度构建模式,将休闲体验维度分为娱乐体验、教育体验、逃避体验和审美体验。

三、休闲体验的驱动因素

(一)休闲体验的内在驱动因素

学者们认为休闲体验的内在驱动因素包括以下几个方面。

1.休闲的内在要求

约翰·凯利(2000)指出,休闲的特点就是感知到的自由与对行动的渴望相联系的种种态度。人们只是渴望体验本身,而非体验以外的原因或目的。因此,我们将休闲视为一种"精神状态",而非活动或时间;休闲既非环境,亦非行为,而是与之相伴随的精神状态。

2.审美的需要

在体验的过程中,主客体融为一体,人的外在现实主体化,人的内在精神客体化。在人类的多种体验当中,审美体验最能够充分展示人自身自由自觉的意识,以及对理想境界的追寻。审美体验是对生命真谛的领悟,是对自我的真正发现。所谓休闲,就是人的自在生命及其自由体验状态,自在、自由、自得是其最基本的特征。休闲的这种基本特征也正是审美活动最本质的规定。我们要深入把握休闲生活的本质特点(武旻,2008)。

3.缓解压力的需要

从近几年的发展来看,休闲成为人们调节压力的首选。杰弗瑞·戈比和汤玛斯·古德尔(2000)也说过:"在未来的几十年,揭示休闲的内在境界,就必须从审美的角度进行思考,休闲最重要的功能大概就是减轻压力。这意味着人们将有机会放慢生活节奏,享受独处的乐趣,尽可能地接近自然并拥有一份安静。"

4.自我实现的需要

休闲体验是一种摆脱限制的自由,一种自我超越的状态。这种自由和状态在本质上是一种摆脱各种束缚和压力之后的自由心境和心理体验。也正因为如此,休闲体验和自我实现所要求的生活体验有着极强的一致性(武旻,2008)。

(二)休闲体验的外在驱动因素

通过文献阅读,笔者认为休闲体验的外在驱动因素包括以下几个方面。

1.休闲经济发展更具有体验性

休闲经济的本质重在休闲者的体验,因而随着休闲经济的发展,人们对休闲需求就会更加倾向于体验性的需求,这样休闲经济将具有更多体验性因素。体验性休闲经济对于消费者来说,关键在于休闲体验过程中的心理感受和精神满足。

2.居民体验性休闲活动需要增强

杰弗瑞·戈比和托马斯·古德尔(2000)一致认为,由于现行的经济体制制造新的物质产品需求的能力已经发挥到了极限,对需求的创造便转至另外一个领域——休闲体验。人们目前被售予种种体验,花钱买种种感受,通过种种治疗来改变人际关系,体验博彩、环游全球、乘橡皮筏漂流、农家乐等。

（三）休闲体验的个人属性因素

从文献中，笔者同样发现个人属性对休闲体验具有影响。陈怡伶（2002）研究了铁道参观者的参观动机、休闲体验与艺文生活形态以及三者之间的关系，结果显示性别、年龄、文化程度对休闲体验的影响存在显著差异。郭肇元（2003）探讨了休闲心流经验、休闲体验与身心健康的关系，结果显示性别、年收入、文化程度对休闲体验的影响存在显著差异。庄秀婉（2005）调查研究了台湾北海岸冲浪参与者的休闲体验与满意度的关系，结果显示不同性别的群体对休闲体验的影响存在显著差异。李文贵（2007）以屏东海洋生物博物馆为例研究了游客休闲涉入、休闲体验与满意度关系，结果显示年龄、学历、职业、婚姻状态、每月总收入、居住地对休闲体验具有显著的影响。陈美芬和邱瑞源（2009）在游客休闲体验与旅游意象的关系研究中，认为年龄、文化程度对休闲体验的影响存在显著差异。吴波（2012）认为温泉休闲者的性别、年龄、职业、文化程度及月收入对休闲体验的影响存在着部分显著差异。

根据以上相关文献论述，休闲体验会受到不同人口统计变量影响。因此本书将探讨在不同人口统计变量中性别、年龄、婚姻状况、职业、文化程度、每月所得与休闲体验之间的关系，以利于相关比较研究。

四、国内外对休闲体验的研究现状

20 世纪 60 年代后，西方就有很多学者开始休闲体验方面的研究，如 Mannell & Isoahola（1987）出版的《休闲和旅游体验的心理学本质》，美国心理学家 Csikszentmihalyi（1988）出版的《畅的体验及其重要的心理学意义》和 Csikszentmihalyi（1990）出版的《畅：最佳体验的心理学》。Csikszentmihalyi（1976）在《厌烦与紧张之外》一书中提出，休闲体验在某些情况下会得到强化；他进一步说明在某些具有挑战性活动的情景下，人最可能进入陶醉的状态，而这种体验则被其称之为畅。Gunter & Gunter（1980）在《休闲方式：现代休闲的概念框架》一书中指出，透过休闲活动的参与，可满足个人追求愉快或愉悦的需求，亦是持续参与休闲活动及维持兴趣的重要指标；他所分析的这些因素虽然不是建

立在实证基础上,但却指出了吸引人们参与休闲活动的因素。Beard & Ragheb
(1980)在《衡量休闲满足》一书中,用一系列量级来衡量休闲体验的各个层面,
目前已定义出六种感知意义成分,分别是心理、教育性、社交性、放松、生理性和
审美性。伊利诺伊大学教授约翰·凯利(2000)在《走向自由——休闲社会学新
论》一书中也提出,休闲可以作为直接体验来研究,并详细论证了体验的心理学
模式和体验的特点。直到2002年美国战略地平线LLP公司的两位创始人约
瑟夫·派恩和詹姆斯·吉尔摩(1999)在《体验经济》一书中,指明了21世纪将
是体验经济的时代,这才使人们充分意识到研究体验的重要性,也使有关休闲
体验的研究终于走出理论的"象牙塔",而与现实生活联系得更加紧密。

国外休闲体验的相关实证研究从无到有,近几年日渐增多。Lattimore
(2012)研究了基于消费者和管理视角下旅游与休闲体验的关系。Pitt et al.
(2015)研究了澳大利亚的学生休闲参与与休闲体验之间的关系。Akyildiz &
Argan(2015)在研究中,分别使用配额抽样和方便抽样方法来验证休闲体验的
各维度对休闲满意度的影响。Coghlan & Filo(2016)将个人的性格优势应用于
休闲体验的研究。Ekiz & Lattimore(2014)调查印度家庭相关休闲旅游体验的
影响。

目前国内对于休闲的研究趋势,主要集中在休闲文化、休闲产业、休闲经济
等方面,而对于休闲体验的研究还没有一本系统论述的著作,休闲体验从实证
角度的探讨和论证还稍显不足。五年前相关研究寥寥无几,近年来才开始有少
数文献从实证的角度去探讨休闲体验,比如吕永红(2015)出版的《不识庐山真
面目:大学生休闲体验状况》。董涵等(2014)研究了体验经济视角下乡村度假
酒店休闲体验的功能开发。章国威和陈怡伶(2014)以台湾南元花园休闲农场
为个案研究对象,调查其农场基础资源,检视其现有的休闲体验活动。笔者希
望通过本书拓展深化休闲体验领域的相关实证研究,使休闲体验更好地从理论
落实到具有中国特色的休闲农业形式之一的农家乐的实践中。

五、小 结

通过阅读文献,笔者发现国外对休闲体验的研究起步较早,而且已将许多

学科引入休闲体验的研究领域,但这些研究更多的是从理论方面去解释休闲。总体来说,休闲体验是一个较新的研究领域,尚有较大的研究空间,有必要进行更深入的研究。国内对休闲体验的研究成果并不是很丰富,这也为笔者在这方面的研究提供了新的机遇和挑战。国内外著名学者在未来都将体验视为休闲的一个重要方面加以研究,因此本书将以前人理论研究成果作为基础,结合当前社会发展实际需要,争取在休闲体验这个问题上有所收获,为休闲体验的研究尽一份力。

第六节　地方依附相关理论综述

一、地方依附的影响因素分析

地方依附的影响因素是休闲旅游研究的重点之一,定量化是研究的主要方法。由于地方依附维度争议的存在,研究者一般先界定其维度,再进行假设,然后通过建立影响模型进行检验,以了解在不同因素下的地方依附影响机理。

对于旅游者的地方依附的影响因素,人口学特征主要包括性别、年龄、受教育的程度、职业、平均月收入、居住地等。各个学者针对不同目的地并通过不同的研究角度研究出来的结果是不尽相同的(龚花和毛端谦,2013)。高德兴(2008)以嵋洲岛为例,研究发现性别和年龄这两个变量对旅游者地方依附的影响没有显著差异,而客源地、职业、文化程度、收入、宗教信仰这5个变量对地方依附的影响存在显著差异。唐文跃等(2007)发现了地方依附社会人文维度在不同的性别、年龄和文化程度的旅游者之间存在显著差异。但是黄乐(2011)研究发现北京前门大栅栏商业街区不受性别的影响。

游客的地方依附受多种内在和外在因素的影响(见表2-11)。因此,旅游动机较早地受到研究者的关注(Kyle et al.,2004)。游客涉入是由游憩活动、旅游目的地及其相关产品所引发的个体动机和心理状态,与旅游动机一样对地方依附具有驱动性(Gross & Brown 2008;王坤等,2013)。其他的影响因素如旅游花费、对目的地的熟悉度、游憩活动的专业化程度、对活动的热衷程度、场所使用频率、与同行者的关系等,都是通过研究总结出来的地方依附影响指标(Jorgensen & Stedman,2006;Lee,2001;Trauer & Ryanb,2005;Tsaur et al.,2014)。由此可见,游客对于旅游地的情感并非由单独的感受形成,还包含内在经验、外在环境以及长期和地方互动的社会参与而产生的深刻意义。

表 2-11　旅游者地方依附影响因素的代表案例

作　者	维　度	模型中的影响因素	分析方法	结　论
Lee(2001)	未划分	旅行经验、旅行习惯、初次旅行年龄、目的地吸引力、满意和熟悉度	多元线性回归	目的地吸引力→＋地方依附 家庭旅行习惯→＋地方依附
Kyle et al. (2004)	地方依赖、情感依恋、地方认同、社会联系	旅游动机(学习、自主性、地方活动、社会、自然、健康)	结构方程模型	健康→＋地方依赖 自主性、自然、健康→＋情感依恋 学习知识和自主性→＋地方认同 活动、社会和自然→＋地方联系
Hwang et al. (2005)	地方依赖、地方认同	游客涉入(重要性和愉悦性、自我表现、风险性、风险结果)	结构方程模型	游客涉入→＋地方依附
Gross & Brown (2006)	地方依赖、地方认同	游客涉入(旅行经验、目的地吸引力、自我表达、食品)	因子分析、方差分析	目的地吸引力→＋地方依附 自我表现→＋地方依附 食品→＋地方依附
Gross & Brown(2008)	地方依赖、地方认同	游客涉入(旅行经验、目的地吸引力、自我表现、食品)	结构方程模型	旅行经验→＋地方依附 食品→＋地方依附
Gu & Ryan (2008)	地方依赖、地方认同	居住时间、旅游就业吸引力和旅游闯入性、地方特性(遗产)	结构方程模型	居住时间→＋地方依附 游客闯入性→＋地方依附
Veasna et al. (2013)	未划分	旅游地信息可靠度、旅游地形象	结构方程模型	旅游地信息可靠度→＋地方依附、旅游地形象→＋地方依附
袁苏(2015)	地方依赖、地方认同	休闲涉入	结构方程模型	愉悦性、重要性、象征性→＋地方依附

注:"→＋"表示前者对后者有积极影响。

二、地方依附的维度和测量

(一)地方依附的维度研究

1.地方依附常用的二维结构

Williams & Roggenbuck(1989)提出地方依附概念的最大贡献在于构建了"地方依赖(place dependence,PD)"和"地方认同(place identity,PI)"的二维结构,其中"地方依赖"是一种功能性的依附,意指一个地方的环境景观、公共设施、特殊资源、可达性等能满足用户的特定需求;而"地方认同"是一种精神层面的依附,是个体对客观环境有意或无意的想法,并借由态度、信仰、偏好、感觉、价值观、目的、意义和行为趋向的结合,达到对该地方的情感依恋与归属感(Proshansky et al.,1983)。Wickham & Kerstetter(2000)将地方依附概念,分为地方依赖与地方认同,借由态度、价值、思想、信仰、意义、行为及情感依附,延伸为对地方的归属感。地方认同感,指的是一种象征性或对地方情感的依附;地方依赖感,指的是对地方功能性的依附(Backlund & Williams,2003;Gross & Brown,2006)。目前仍以二个维度的应用居多(杨昀,2011)。本书根据Moore & Graefe(1994)的观点,从地方依赖和地方认同二个维度,分别说明其代表的意涵。

(1)地方依赖(place dependence):功能性依附

地方依赖是因为特殊活动必须在这个场所进行,只有在这个独特的环境中才能提供这样的特质,长久的需要或利用的时间及互动经验产生对此地的依靠,所以对此地的历史、文化、风土民情,甚至于社会脉络有着不一样的情感诠释,是人们知觉本身与某些地方功能性结合程度,因此地方可达到个人适应的条件来满足个人的目的及需求,进而产生功能上的依附,所以地方依赖也可称功能依附(Williams & Patterson,1999)。Bricker & Kerstetter(2000)提出地方依赖有两个核心概念:①个体在地方或地方团体所能感受到的功能性,亦即满足游客的特别需求,让游客在进行特定活动时,能感受到环境的特殊功能。②由地方提供的此功能性在与其他地方相比较之下,必须能呈现独特环境特质,由此两个核心概念所呈现的场所独特功能性便形成了地方依赖。

（2）地方认同（place identity）：心理性依附

个人经过使用此地方后,满足此地的环境功能,进而产生地方依赖,并对该地产生认同及归属感,则会发展出地方认同（Moore & Graefe,1994；李英弘和林朝钦,1997；朱家慧,2006）。从情感和象征的意义来看一个场所,基于个人对于场所的感情维系,反映出个人对于场所的特殊象征性或情感,是个人对地方的实质环境、信仰、偏好、感情、价值、目标、行为倾向及技术相关的认同感（Proshansky 1978）；Bricker & Kerstetter（2000）定义地方认同是对一特定地区所持有一种态度（attitudes）、价值（value）、思想（thoughts）、信念（beliefs）、意义（meanings）、行为意象（behavior tendencies）及特别的归属感（belonging to particular place）。

2.地方依附的三维、四维、五维结构

Jorgensen & Stedman（2006）将地方维度区分为地方依附、地方认同感及地方依赖感；Ramkissoon et al.（2013）在研究中,研究了地方依附与地方满意度、亲环境行为之间的关系。在研究的过程中,学者确切地将地方依附分为四个子维度：地方依赖、地方认同、地方情感与地方社会联结。地方依附是环境心理学家对了解地方情感相关研究的常用方法之一,地方依附在先前的研究中多数被认为是从地方取得的一种感情信念或情感关联的过程,以及情绪性和感情表现的关系（Riley,1992）。游客通过对地方的持续造访与长时间的活动涉入后才会发展出较强烈的地方认同。Williams & Stewart 以五个维度形成的金字塔图形,描述了游客对地方的熟悉感（place familiarity）、归属感（place belongingness）、认同感（place identity）、依赖感（place dependence）到根深蒂固感（place rootedness）五个联结层次,并据此设计量表用以测定五种不同强度的地方依附（Williams & Stewart,1998）。

（二）地方依附的测量

学者们已经开发出许多测量地方依附的量表,如 Raymond et al.（2010）发展出包括 20 个题项的测量量表,地方依附被划分为五个维度,分别是地方认同

(place identity)、地方依赖(place dependence)、自然联系(nature bonding)、家庭联系(family bonding)和朋友联系(friend bonding)。测量地方依附的题项的数量随着应用环境的变化而不同。例如，Kyle et al.(2003)用于研究登山者的活动涉入与地方依附关系的量表包含 8 个题项，但大部分研究使用的量表都来源于由 Williams et al.(2003)开发的基于森林情境的量表，该量表包含 12 个题项(陆敏 等，2014；万基财 等，2014；王坤 等，2013；Cheng et al.，2013；Ramkissoon et al.，2013；Vaske & Kobrin，2001；Wynveen et al.，2012)。

三、旅游者地方依附的影响效应分析

(一)旅游者地方依附对重游意愿和推荐意愿的影响

地方的独特性会使游客与旅游地间形成强烈的情感依恋，还能解释游客的重游行为，旅游者对目的地的依恋直接影响其忠诚度，地方依附与游客忠诚度之间关系也被证实为显著相关(Saska et al.，2011)，认为地方依附是对游客忠诚度的重要测量指标(Raymond et al.，2010；Lee & Shen，2013)；而也有学者研究证实不是所有地方依附的维度都能够显著影响游客的忠诚度(Lee et al.，2012)。

涉及旅游行为时，游后行为倾向是游客在游览结束后所表达的对旅游目的地的一种态度，具体表现为重游倾向和推荐倾向(董玉明，2000)。乡村旅游地游客的地方依附与游客忠诚度之间也有显著的正向关系，旅游者对旅游地的依恋程度越高，优先选择该地的概率越大，再次到访意愿也越强(白凯，2010)。江春娥和黄成林(2011)在研究中指出游客对九华山的依附程度越高，重游及推荐意愿会越强。Chen et al.(2014b)在研究中认为地方依附互动维度对口碑传播行为具有正向影响。国内外学者普遍认为，地方依附是产生故地重游的主要动机，有的学者还分析了其形成机理，但对地方依附和故地重游深层的本质还缺乏全面深入的研究。马宝建(2010)认为，地方依附在旅游中的表现就是故地重游。主要吸引旅游者故地重游的并不是新奇的景致、人或事物，而那些熟悉的往日景观和意象更能引起游者的感动和感怀。如果景致变得面目全非，则会引

起失落和惆怅,甚至不满之情。这说明,游客的旅游动机已经完全不同于初游的新奇动机。因而,故地重游与异地初游是两种心理路径和两种情感价值取向。

(二)旅游者地方依附对环境负责任行为的影响

置身于自然环境中可能产生地方依附,而这种地方依附可能导致环境负责任行为(Ramkissoon et al.,2013)。地方依附与环境负责任行为存在显著的正相关关系(赵宗金等,2013),Stedman(2002)将地方依附作为一个单维度概念,研究了其对环境负责任行为的影响,结果发现基于积极情感及认同的地方依附强烈影响着湖区居民参与环境保护活动意向。国外一些学者从地方依附切入,探究地方依附对环境负责任行为的复杂影响机理(Gosling & Williams,2010;Hernandez et al.,2010)。

国外学者在研究地方依附对环境负责任行为的影响时,发现当个体对地方产生积极的依恋时,环境负责任行为更有可能产生(Prayag & Ryan,2012;Halpenny,2010;Tsaur et al.,2014;Vaske & Kobrin,2001;Lee,2011)。地方依附对环境负责任行为的作用已经在国家公园的登山者、参与到自然资源保护项目的年轻人及湿地公园的游客等情境中得到验证(Lee,2011)。Halpenny(2007)通过对国家公园的游客的调查,研究地方依附与环境负责任行为之间的关系,结果表明地方依附与环境负责任行为的所有研究变量存在正相关关系。Cheng et al.(2013)又选取台湾澎湖群岛旅游者作为调查对象,研究地方依附与环境保护行为的关系;结果显示地方依附对观光旅游者的环境保护行为意图有重要影响。苏勤和钱树伟(2012)发现地方感的形成对旅游者的遗产保护态度及遗产保护行为均具有重要的影响效应,并指出这一研究结果对于当地的景观与自然资源管理者以及那些在人们游憩、工作及生活的地方鼓励负责任的环境行为的工作人员具有重要的影响。Ramkissoon et al.(2012)则将地方依附作为一个多维度概念,根据态度—行为模型,他们提出一个概念模型以研究地方依附如何影响游客的环境负责任行为意向,最后发现地方满意度调节地方依附与环境负责任行为意向之间的关系。地方依附越正向,居民和游客就越会做出有利于环境的行为(Ramkissoon et al., 2013)。Zhang et al.(2014)研究了产生游客环境负责任行为的因素,发现游客的环境破坏后果意识、价值观及地方依附显著正向影响环境负责任行为,其中地方依附的影响最大。Tonge et al.(2014)研究澳大利亚的海洋公园,认为人对一个地方越有感情越会产生环境负责任行为。Ramkissoon & Mavondo(2014)研究认为澳大利亚山脉国家公园游客地方依附越正向,环境负责任行为越有可能。邓祖涛等(2016)基于国内外相关理论与实证研究,地方依附对游客的环境负责任行为产生有着显著性直接影响,地方依附是游客环境负责任行为影响的重要变量。

四、小 结

本书主要介绍了不同学者对地方依附构建的不同维度、影响地方依附的因素、地方依附的影响效应及地方依附的测量等最新相关研究成果。回顾相关学者对地方依附测量变量的定义,大多数国内外学者主张地方依附皆包含两个变量,以地方依赖与地方认同二变量用来评量使用者对于游憩地点的地方依附,而这也是最常用来验证地方依附程度的两种变量(Jorgensen & Stedman,2006)。经过比较后会发现,他们的本质是相同的,只是细分到何种程度的差别。有鉴于二变量在地方依附的关联性已反复得到验证,本书采取多数学者的论点,以地方依附的两变量(地方依赖、地方认同)来探讨其空间体验的关系,这两个维度已经能够很好地概括地方依附的内涵。

第七节 环境负责任行为相关文献综述

一、环境负责任行为的相关理论研究

(一)理性行为理论

Fishbein & Ajzen(1975)提出了非常著名的理性行为理论(theory of

reasoned action,TRA),理性行为理论源自社会心理学,是在解释人类行为研究上最基础且最具影响力的理论之一,已相当广泛地被应用在各领域的相关研究中(Sheppard et al,2010)。该理论的基本假设认为人是理性的,在做出某一行为之前都会综合各种信息来考虑自身行为的意义和后果。理性行为理论认为个人的行为是个人对这项行为的态度以及他人期望他表现的信念(主观规范)的共同作用而成的结果。理性行为理论框架如图 2-1所示。

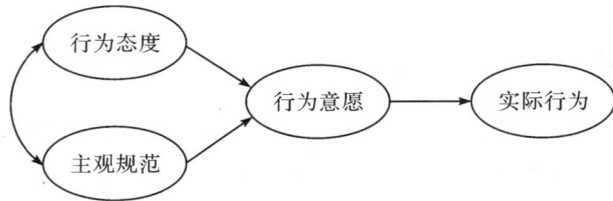

图 2-1　理性行为理论框架

资料来源:Sheppard et al. (2010)。

(二)计划行为理论

计划行为理论(theory of reasoned behavior,TRB)是 Ajzen(1991)对理性行为模型进行改进后发展延伸来的。此理论提出的基本假设与理性行为理论相同,计划行为理论与理性行为理论的差别主要在于计划行为理论中引入了"感知行为控制"(perceived behavioral control)和"行为意向"变量。其中主要的不同是在理论架构中增加第三变量——知觉行为控制(perceived behavioral control)。TRB 主要以三个阶段来分析行为模式的形成过程,分别为行为决定于个人的行为意图;行为意图决定于对行为的态度、行为主观规范与认知行为控制等三者或其中部分的影响;对行为的态度、行为主观规范及认知行为控制受外生变量的影响,如图 2-2 所示。笔者则认为,与 Hines 的环境负责任行为模型(model of responsible environmental behavior,REB)模型相比,TRB 模型则显得较为消极,可能较适用于着重在控制群众行为的政策层面。

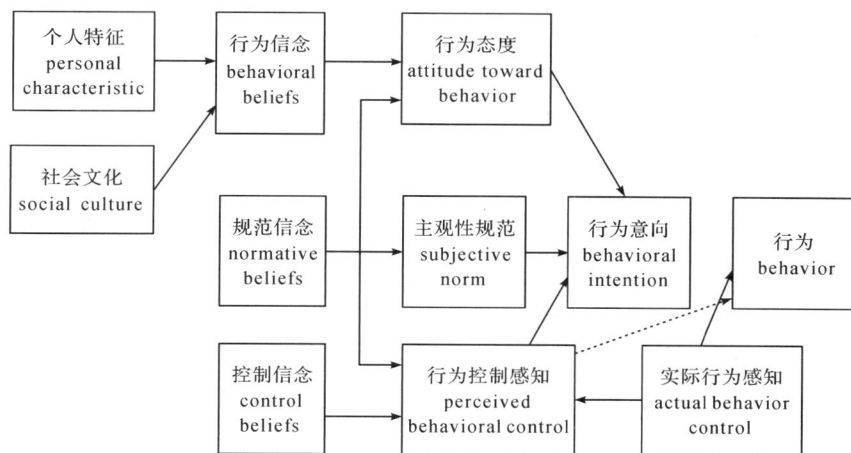

图 2-2 计划行为理论结构

资料来源：Ajzen(1991)。

(三)计划行为理论道德拓展模型

学者们在计划行为理论的基础上进一步拓展了环境行为的理论研究，Kaiser(2006)将"道德规范"和"负疚感预期"加入模型中(见图 2-3)。从模型结构中可以看出，Kaiser 认为：除态度、主观规范、感知行为控制外，预期的道德负疚感作为一个单独的附加决定因素影响着行为意图。该模型丰富了计划行为理论中的道德因素，为环境行为影响研究提供了新的思路。

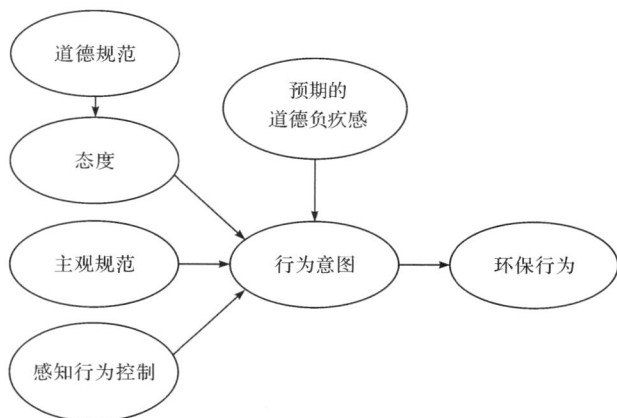

图 2-3 计划行为理论道德拓展模型

资料来源：Kaiser(2006)。

(四)环境负责任行为理论

Hines et al. (1987)提出了环境负责任行为模型(REB),认为环境负责任行为需具备行动技能、行动策略知识、议题知识,并与个性因子产生行动意图,最终与情境因素共同促成环境负责任行为,其架构如图 2-4 所示。通过研究,他们还发现了一些与人们亲环境行为密切相关的重要变量,分别是:(1)环境问题知识(knowledge of issues);(2)行动策略知识(knowledge of action strategies);(3)心理控制源(locus of control);(4)态度(attitudes);(5)口头承诺(verbal commitment);(6)个体的责任感(individual sense of responsibility)。这些变量的发现在一定程度上弥补了早期线性模型的不足。笔者认为,此模型介于一个简单又不太简单、复杂却又尚未完善的中间地带。

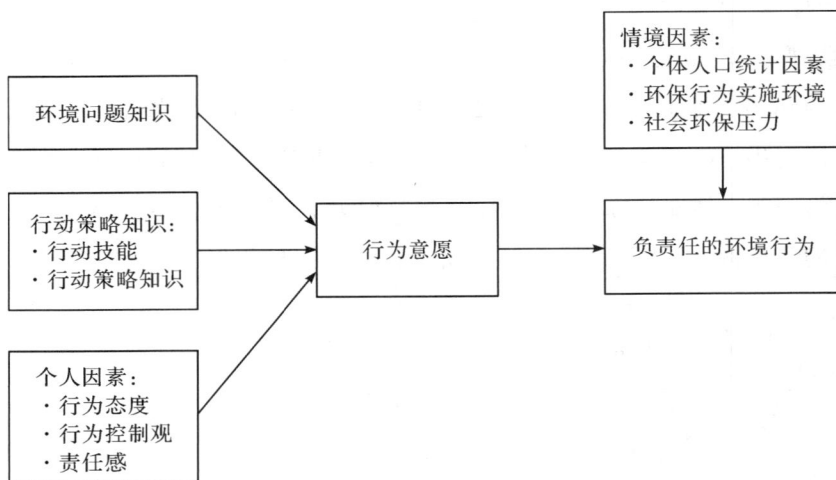

图 2-4 环境负责任行动模型

资料来源:Hines et al.(1987)。

(五)环境素养

环境素养(environmental literacy)最早由美国俄亥俄州州立大学教授 Roth(1968)所提出。Roth(1992)将环境素养分为四个发展阶段:觉知(awareness)、关心(concern)、理解(understanding)与行动(action)，并定义了素养的连续性：名词性环境素养、功能性环境素养及操作性环境素养。他认为任何一个发展阶段都不能单独称得上是环境素养，应该是要发展到操作性的素养程度才能称得上是一个完整的环境素养。在环境素养的组成要件中，负责任的环境行为则是环境教育的最大目标(Hungerford & Volk，1989；Roth，1992)，模型建构如图 2-5 所示。

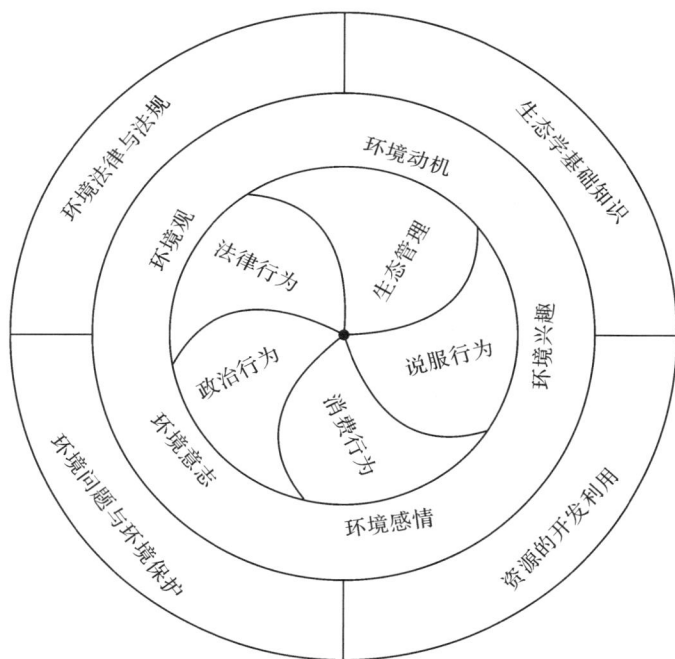

图 2-5　环境素养结构模式

资料来源：Hungerford & Volk(1989)；Roth(1992)。

二、环境负责任行为的相关研究

(一)个人因素对环境负责任行为的影响

Hines et al.(1987)提出了一个负责任的环境行为模式，该模式指出，环境行为受行为意图所影响；而行为意图又受若干变量，包括行动技能、知识和环境问题知识所影响。根据 Hines 的负责任的环境行为模型,游客环境行为的产生的主要因素是个人的行为意向和情境因素(陈奉伟,2013)。在现有研究中,Hines et al.(1986)和 Stern et al.(1995)等学者的研究较有代表性,并被后续研究广泛引用。

不少研究者从性别、年龄、收入水平、教育背景等人口统计变量层次出发,探索不同社会人口学背景的个体在环保意识和环境负责任行为意愿上的差异(Hedlund et al.,2012;Lubell & Vedlitz,2006;Poortinga et al.,2004;Staats & Hartig,2004;罗艳菊等,2012)。在性别对环境负责任行为的影响的相关文献中,Wester & Eklund(2011)在研究中发现女性样本参与环境负责任行为的频率明显高于男性样本。Steg & Vlek(2009)认为男性和女性针对不同情境下的环境负责任行为可能具有完全不同的行为倾向。

Dunlap & York(2008)的研究则发现那些经济收入较低的群体更关注环境问题,具有更强的实施环境负责任行为的意愿。Dunlap & York(2008)认为在现代社会中,相对于高收入群体,低收入者承担了更多的因生态环境破坏而造成的后果,因此他们对于环保的问题更为敏感。

(二)旅游者环境负责任行为的相关研究

1. 环境知识、环境咨询及环境教育对环境负责任行为的研究

环境负责任行为可由个人的环境关注(environmental concern)、环境承诺、生态知识等方面反映出来(Cottrell & Graefe,1997)。不少学者都认为旅游者与景区、目的地之间的情感连带关系(即地方依附)是驱动旅游者实施对景区环境有益行为的重要影响因素(Ramkissoon et al.,2013;Williams et al.,1992)。Miller et al.(2010)研究发现关于环境恶化的信息能提高游客的环境保护意识,类似的因素还有环境保护相关的知识(Ballantyne & Packer,2011)和环境保护相关的教育(Bruyere et al.,2011)。Grønhøj & Thøgersen(2012)研究发现青少年的环境负责任行为在很大程度上受家庭规范影响,特别是受父母的影响。Robelia & Burton(2011)研究了生于社交网络中的学习如何影响人的环境负责任行为,发现使用某应用程序者(该程序能让使用者发布气候变化的新闻并评论)掌握了更多的有关气候变化的知识,环境负责任行为也更多;分析发现同龄人在互动中的榜样作用促进了环境负责任行为的产生。

2. 生态旅游相关的环境负责任行为研究

Lee(2011)以湿地旅游为例,从休闲涉入、地方依附等角度考察了影响旅游者在湿地景区实施环境负责任行为的影响因素;Chiu et al. (2014)研究了在生态旅游情境中,感知价值、满意度及活动涉入决定游客的环境负责任行为,最后发现感知价值、满意度及活动涉入能够促进环境负责任行为的产生,其中感知价值起直接作用,满意度和活动涉入起间接中介作用。范钧等(2014)也以湿地旅游为情境,从旅游地形象、地方依附两个角度探讨了影响旅游者环境负责任行为意愿的机制;Chen(2015)聚焦于旅游者对生态标签产品的消费选择,探索了驱动旅游者做出这一消费决策的影响因素。此外,还有不少学者关注国家公园、野外荒原等生态旅游地和自然旅游地旅游者的环境负责任行为与影响因素(Chiu et al. , 2014; Halpenny, 2010; Chapman, 2003; Ramkissoon et al. , 2013)。

3. 环境态度、环境知识、环境价值观、地方依附等对环境负责任行为的研究

Kang et al. (2006)将环境负责任行为视作环境态度的结果,并用行为规范来测量环境负责任行为,如旅行前搜集环境保护相关信息并遵从环境保护的行为规范。Kil et al. (2014)研究了登山者的环境态度和休憩动机如何影响环境负责任行为,发现环境态度会影响动机和环境行为,而动机与环境行为密切相关,说明环境态度和动机共同决定环境负责任行为。这些研究表明,在特定情境之下,地方依附是影响游客环境负责任行为的一个潜在重要因素。万基财等(2014)以九寨沟为对象,应用结构方程模型方法研究了自然观光地地方特质、地方依附与环境负责任行为之间的内在关系,发现地方特质对地方依恋具有显著的正向影响,地方特质通过地方依附对游客环境负责任行为产生显著的间接影响。Cheng & Wu(2014)和Pooley & O'Connor(2000)的研究也证明,当游客对旅游地产生地方依附时,他们很在乎当地的环境,并关注环境保护有关的事情。

三、环境负责任行为测量维度研究

近年来,在对已有旅游者环境负责任行为的情境研究中,学者们主要采用单维度、具体化的测量方法,考察旅游和休闲活动特定情境下的环保行为及其影响因素。例如,有学者(Han et al.,2015;Lee et al.,2010)认为旅游者对"绿色酒店"的选择是一种环境负责任行为,从态度、价值观等角度系统考察了影响旅游者绿色酒店选择的因素;如在研究中,采用环境负责任行为的政治行为和个人教育行为,即"选举支持环保问题的候选人"等政治行为和"阅读有关环境的杂志"等个人教育行为(Kil et al.,2014)。

Smith-Sebasto & D'Costa(1995)将负责任的环境行为归为六类:公民行动(通过政治手段,如请愿、投票、抗议等达成环境保护的目的);教育行动(未获得环境保护知识和信息所采取的行动);经济行动(用金钱的方式达到环保的目的);法律行动(对破坏环境的行为采取法律制裁);实践行动(日常的身体力行的环保行为);说服行动(使他人重视环保的非金钱的劝导行为)。

使用较为广泛的是 Smith-Sebasto(1995)和 Halpenny(2006)学者设计的环境负责任行为调查量表。在该项研究中将环境负责任行为划分为一般行为和特殊行为,其中一般环境负责任行为包含四个测量问项,如"学习怎样解决环境问题""与同行的人讨论环境问题""试图说服朋友采取负责任的环境行为""与父母讨论环境问题";特殊环境负责任行为包括"参与社区清洁活动""将垃圾进行分类""洗手之后将水龙头及时关掉以节约用水"三个问项。Vaske & Kobrin(2001)在实证研究中,引用了史密斯的环境负责任行为测量量表,通过对地方依附的二维度的测量和环境负责任行为的测量,对青年群体的地方依附和环境负责任行为进行分析,结果表明增强个体对自然环境的联系有助于环境负责任行为的形成和发展。

Lee(2011)在对环境负责任行为进行界定的研究中,也将其分为一般行为和特殊行为,并对环境负责任行为的影响因素进行了分析。Ramkissoon et al.(2013)研究了地方依附的四个维度和地方满意度(place satisfaction)与环境负责任行为之间的关系,作者将环境负责任行为意向分为两个层次,即强环境负责任行为意向与弱环境负责任行为意向,发现地方满意度与弱环境负责任行为意向存在相关关系,地方情感则与两个层次的环境负责任行为意向都显著相关,地方依附与游客的强弱环境负责任行为都显著相关(Ramkissoon et al.,2013)。

国内对游客负责任行为的研究较为缺乏,且在定量研究中有关环境负责任行为的测量维度稍显模糊,并未统一。如高静等(2009)学者在对游客环境态度与行为的研究中,将游客环境行为分为"未乱扔垃圾""劝阻他人乱丢垃圾或干扰鸟类生境""旅游时完全配合注意事项"等问项进行鄱阳湖保护区的实证研究,试图分析游客社会经济背景因素对游客环境行为的影响。衣小艳(2011)从感知视角对游客环境行为进行划分分析,从游客自身的主动性和感知对其影响深度将个体环境行为划分为自我感知、利益感知、协同感知、无为感知四个层次。有学者在研究旅游地意向、地方依附和旅游者环境负责任行为的过程中,利用史密斯和瓦斯克的研究量表,结合旅游度假区的实际情况调整测量问项,对度假区旅游者有利于环境可持续发展的行为进行了分析(范钧等,2014)。

有关环境负责任行为维度的探讨,有学者认为环境负责任行为是单维度变量(Tsunghung et al.,2015),但仍有一些学者认为其是多维度变量,不同学者在研究中采用了不同的测量维度。笔者将相关学者的研究汇总成表2-12。

表 2-12　环境行为维度分类

学　者	维　度
Smith-Sebasto & D'Costa(1995)	公民行动、教育行动、财务行动、法律行动、身体行动、劝说行动
Vaske & Kobrin(2001)	一般行为与特殊行为
Dono et al.(2010)	环境负责任行为分为消费行为、支付意愿及环境公民
Lee(2011)	公民行为、教育、回收利用、劝说行动及绿色消费
Tsunghung et al.(2013)	环境负责任行为
范钧等(2014)	环境负责任行为
Han et al.(2015)	政治行为和个人教育行为
夏赞才和陈双兰(2015)	知识支援、一般负责、经济行动和主动保护
蒋璐(2015)	环境负责任行为
Tsunghung et al.(2015)	环境负责任行为

四、小 结

笔者认为,虽然环境行为研究在这些年的发展中已有很多的论文产出,但基本上仍围绕着基础的行为理论前进。然而,这些模型大多考量可以改变的因素。本节内容重点阐述了个人因素对环境负责任行为的影响,同时从不同方面对环境负责任行为的相关研究进行了规整,国内对游客负责任行为的研究较为缺乏,且在定量研究中有关环境负责任行为的测量维度稍显模糊,并未统一,近年来大部分学者认为环境负责任行为是单维度变量(Chao,2012)。本书选择参考 Smith-Sebasto & D'Costa(1995)学者设计的环境负责任行为调查量表,该项研究中将环境负责任行为划分为一般环境负责任行为和特殊环境负责任行为。

第八节 变量间的关系研究

一、各前因变量与地方依附之间的关系研究

(一)休闲涉入与地方依附

许多研究已证实休闲涉入是地方依附的前因。Moore & Graefe(1994)用"活动的重要性"这一个单一维度来衡量活动涉入,证实了它会正向显著地影响地方认同。Bricker & Kerstetter(2002)发现对活动的涉入增加时对地方的依附也会增加。Kyle et al.(2003)以阿帕拉契山的登山步道为例证实游憩涉入可以预测地方依附。Kyle et al.(2004)则证实游憩活动涉入与地方依附关系的强度会因不同的场地或活动(健行、乘船、钓鱼)而不同。Hou et al.(2005)以文化旅游目的地为研究对象指出,活动涉入会透过目的地吸引力的中介影响而对地方依附产生间接影响。休闲涉入三维度(即愉悦性、重要性、象征性)与地方依

附二维度(即地方依赖、地方认同)呈显著正相关关系(袁苏,2015)。由此可知人们会透过休闲涉入而长期、经常性地使用休闲场地。随着时间的增加人们普遍会对游憩地产生一种归属感而将这些地区延伸为"他们的地方""最喜爱的地方"或称之为"独一无二的地方"。

(二)休闲体验与地方依附

休闲体验质量不仅反映了游憩地设施和服务对游憩主体主观期望的满足程度(通常称为满意度),而且反映了游憩地客观环境的服务能力及游憩地社区居民的参与情况(通常称为友好度)和相互影响(吴承照等,2010)。依附感的产生必须先经过认识环境、体验环境之后,人们对于其中的事物及活动的参与,因深入了解和涉入,而产生正向情感联结(彭逸芝,2005)。有学者认为地方依附指人在自然环境中融入或与环境互动产生体验,包含在生活经验或空间使用上与当地居民产生互动(吴奕九,2008)。Kozak(2001)则指出,游客的旅游经验、目的地交通状况、当地物价水平、当地人民热忱好客的程度等因素,以及游客对旅游行程的质量满意度,皆会影响游客的重游意愿。刘俊志(2004)在对花莲鲤鱼潭的研究中,将地方依附定义为个人对一个地方的功能性依赖,以及精神与情感上的认同,故只有当游客感受到他们认为是良好或可接受的游憩体验时,才会表现出比别人更高的重游意愿。当游客选择游憩地时,如游憩地所提供的游憩机会、环境、设施、活动与服务的评价符合游客的要求,可能让游客产生再访的意愿(沈进成和谢金燕,2003)。

二、休闲涉入对休闲体验与环境负责任行为的影响

(一)休闲涉入对休闲体验的影响

陈怡伶(2002)研究了铁道参观者的参观动机、休闲体验与艺文生活形态以及三者间的关系,结果显示参观动机与休闲体验维度皆存在显著的线性正相关。张家铭等(2007)研究了小学休闲涉入与休闲体验的关系,结果显示休闲涉入与休闲体验呈高度正相关。陈璋玲和洪秀华(2008)研究了花莲赏鲸游客涉

入对服务质量、体验及知觉价值影响,结果显示游客的涉入程度会对体验有所影响。方怡尧(2002)以北投温泉为例研究了温泉游客游憩涉入与游憩体验关系,结果显示游憩涉入与游憩体验之间存在正相关。朱家慧(2006)以莺歌地区为例研究涉入、体验、依恋的影响关系,结果显示休闲涉入正向影响体验。吴波(2012)研究得出休闲者的行为涉入程度越深、认知越深刻、主观意志越强烈,休闲者越容易获得感官、精神方面的积极体验,并感受到温泉休闲的实际价值。休闲涉入因素中的认知涉入、情感涉入影响到了休闲体验因素中的情感体验、精神体验、满意体验,随着温泉休闲者的主观认知越深入、兴趣越强烈,参与者越容易获得良好的个人感受,并获得较高的满意度。

(二)休闲涉入对环境负责任行为的影响

目前已有研究对游客涉入和游客行为进行了探讨,但直接研究游客涉入和环境负责任行为相关性的文献较少(蒋璐,2015)。Chiu et al.(2014)研究了生态旅游情境中感知价值、满意度及活动涉入如何决定游客的环境负责任行为,最后发现感知价值、满意度及活动涉入能够促进环境负责任行为的产生,其中感知价值起直接作用,满意度和活动涉入起间接中介作用。Chiu et al(2014)学者对生态旅游中的游客环境负责任行为进行研究,提出感知价值、满意度和游客涉入组成的行为模型,探讨生态旅游体验对环境负责任行为的维度产生的影响,研究结果表明感知价值会对环境负责任行为产生直接影响,满意度和涉入度起中介调节作用,间接验证了游客涉入和环境负责任行为的关系。Lee(2011)发现地方依附、休闲涉入及保护承诺显著影响环境负责任行为,其中保护承诺在活动涉入与环境负责任行为之间的关系中起中介作用。刘静艳等(2009)研究了生态住宿体验和涉入度对游客环境负责任行为的影响,体验和涉入度对游客环境负责任行为有正向影响。

三、休闲体验对环境负责任行为的影响

通过文献的阅读,笔者发现国内外休闲体验对环境负责任行为的研究或综述寥寥无几,笔者试图就体验对环境负责任行为的研究做一个综述,为今后休

闲体验对环境负责任行为的研究提供启示。蒋璐(2015)在湿地景区旅游体验、游客涉入与环境负责任行为关系研究中发现,在湿地旅游活动中,游客的旅游体验会显著地正向影响游客环境负责任行为。Tisdell(2005)学者采用结构化问卷法调查澳大利亚昆士兰的生态旅游者,揭示游客与大自然和谐互动有助于其保护意识的形成,即旅游体验对保护生态环境和生态旅游的可持续发展起着积极作用。刘静艳等(2009)在生态住宿体验和个人涉入度对游客环保行为意向的影响研究中表明,游客的休闲体验对游客的环保行为意向有显著的正向影响。

第九节　文献的评述

一、以往研究存在的不足

(一)地方依附对游后行为影响的相关研究不足

在国内,黄向等(2006)首先引入了地方依附的概念,并探讨了这一理论的应用前景;其后邹伏霞等(2007)在研究中发现,运用场所依赖理论对旅游地进行景观设计,可以大大增强景区对游客的吸引力;唐文跃等(2008)对西递、宏村、南屏的实证研究表明,居民对古村落的地方依附对其资源保护态度具有正向的影响作用。由于相关研究起步较晚,作为解释某些地方与人存在一种特殊的依赖关系的有效理论工具,地方依附对游后行为倾向的影响还没有引起足够的重视(余勇等,2010)。为此,本书在回顾历史文献的基础上建立研究理论模型和假设,通过实证分析加以检验。笔者希望通过这一研究为现有理论提供一定的资料基础,并为地方依附与游后行为倾向的关系研究做一些有益的补充。

(二)地方依附的影响机理有待深入剖析

目前,国内学者在地方依附的影响机理方面研究相对较少(姚莹,2012)。周慧玲(2009)在其博士论文中探讨了地方依附与认知差距、情感之间的关系问题,研究结果表明情感对地方依附呈正相关关系,认知差距与地方依附呈逆相关关系,建立了地方依附与认知差距、情感之间的结构模型,并提出了旅游者场所依附的形成机制。研究者分别探索了旅游地游客和居民地方依附的影响因素,如从游客涉入、旅游动机等角度探讨对游客地方依附的影响,从居住时间、地方特性等方面探讨对旅游地居民地方依附的影响;但还未深入探讨其影响机理,如针对不同类型的旅游地,游客和居民地方依附分别受哪些因素的影响,其影响机理是否存在差异等问题都还未在现有研究中体现(吴丽敏等,2015)。个体背景和地方特征的不同使个体对地方的依附感产生差异,了解在不同因素下不同旅游地类型的地方依附影响机理,有利于对旅游地制定合适的市场营销策略和旅游产品的深度开发。

(三)地方依附理论体系还未完全建立

Scannell & Gifford(2010)的研究为地方依附的概念界定奠定了基础,但并未与其他相关概念进行区分,如地方认同和地方感等,这给地方依附的研究带来不便。研究者对旅游地地方依附的形成机制进行了初步探讨,这为我们洞悉旅游地地方依附的形成过程提供了帮助,但只是一些零散的实证研究,并未归纳出一般的规律,且只针对特殊的地方(如宗教地)进行了探讨。地方依附的概念和形成机制的不完善使旅游地地方依附的理论体系还未完全建立,值得深入探讨。

(四)国内对农家乐地方依附的实证研究不足

对农家乐的地方依附研究还有很大的空间,在案例类型上,加强对不同类型案例地的地方依附维度、特征、属性、空间差异、影响因素研究,在大量实证研究基础上建立起中国特色的农家乐地方依附研究理论框架。

(五)针对休闲涉入、休闲体验对实证及旅游者行为的研究欠缺

国内休闲体验、休闲涉入的研究尚处于起步阶段。研究内容主要体现在休闲体验、休闲涉入的基础理论和体验式旅游产品的设计两方面,且侧重于后者。研究方法大多是定性研究,是在国外研究成果的基础上的一种演绎。研究成果多从主观上针对具体的旅游产品进行体验化设计,主要为政府经济和社会的战略发展提出建议和对策,缺乏科学的、实证的市场调查研究。基于此,笔者以"休闲体验""休闲涉入"为主要栏位对近几年国内相关的文章进行精确检索,发现国内有关休闲体验、休闲涉入的研究呈现出研究角度越来越广泛、内容越来越细化的趋势,主要集中在基础理论、体验型旅游规划和产品设计、体验经济时代的旅游管理及营销策略以及旅游者体验质量评价等,而具有针对性的旅游者环境负责任行为的研究寥寥无几。

二、国内外相关研究成果提供的借鉴和启发

(一)理论基础的启发:地方依附在环境负责任行为的拓展

国外关于地方依附的研究关注点主要在于经验研究,过分强调经验研究的现状也使得地方依附的理论发展滞后,我国学者虽然刚刚涉猎地方依附研究,但是对其理论发展同样肩负责任。本书使用地方依附理论应用于乡村休闲旅游者的调查,扩大了地方依附在国内的研究范围,并通过研究地方依附与环境负责任行为之间的关系,进一步加深了国内地方依附理论应用的广度和深度。对地方依附在国内的发展起到了一定的促进作用,推动了地方依附理论的本土化进展。对地方依附与环境负责任行为的研究也有利于促进资源与环境保护行为。

(二)研究方法的启发

量化研究与质化研究的兼容和统合是旅游地地方依附研究的发展趋势,两者可以从不同的角度进行研究,定性方法可以帮助人们发现问题的关键所在,

而定量研究能够让人们去确认问题的客观性内容以及检验已出现理论的可信度。

(三)研究架构的启发

将休闲涉入、休闲体验及地方依附整合在同一研究框架中,系统研究乡村旅游者休闲涉入、休闲体验、地方依附和环境负责任行为四者之间的影响关系。就理论层面而言,将休闲涉入与休闲体验、休闲体验与地方依附、休闲涉入与地方依附关系研究及地方依附与环境负责任行为关系四大研究领域进行整合,从一个更高更深入的层面去认识四者之间的关系,也是从一个全新的视角去认识环境负责任行为的形成机制,并分析不同社会人口变量对各变量的差异性影响。张安民和李永文(2016)在以地方依附为中介变量研究游憩涉入对游客亲环境行为的影响研究中,验证出地方依附在游憩涉入与游客亲环境行为的影响中起到了部分中介的作用,因此笔者试图验证本书中的地方依附是否具备中介作用。本书的理论架构如图 2-6 所示。

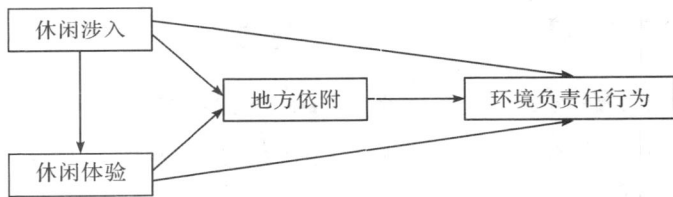

图 2-6　乡村休闲旅游者休闲涉入、休闲体验、地方依附对环境负责任行为的影响模式

第三章 研究设计

第一节 研究案例介绍

一、研究区域概况

(一)梅家坞简介

梅家坞,又称梅家坞茶文化村,地处杭州西湖风景名胜区西部腹地,梅灵隧道以南,沿梅灵路两侧纵深长达十余里,有"十里梅坞"之称。梅家坞是一个有着六百多年历史的古村,截至 2016 年 7 月,梅家坞农居 500 余户,常住农业人口 1274 人,居民 502 人。梅家坞有山有貌,有坞有水,有茶有文,梅家坞茶文化村已挖掘了周恩来纪念室、琅珰玲、礼耕堂等三个历史文化景观。放眼望去,层层叠叠的茶树郁郁葱葱,满眼的绿色扑面而来,茶叶的清香沁人心脾。它是西湖龙井茶一级保护区和主产地之一,也是杭州城郊最富茶乡特色的农家自然村落和茶文化休闲观光旅游区。2000 年起,经过多年的整治和创建,梅家坞茶文化村已是一个融青山绵绵、溪涧潺潺、茶园蓬勃为一体、散发出浓郁朴实民风和茶乡风情的以茶文化为主题的茶乡休闲园区,重现了"十里梅坞蕴茶香"的自然秀丽风貌(见图 3-1)。

图 3-1 梅家坞风景

梅家坞茶文化村先后被省市有关部门评为"杭州市园林绿化村""文明村""浙江省爱国主义教育基地"等,并被授予"杭州市十佳农业示范园区""全面小康建设示范村""浙江省农家乐特色示范村""全国农业旅游示范点"等。梅家坞茶文化村现有 160 余家乡间茶坊①,村里还专门成立了多语种接待室,为前来观光的宾客讲解梅家坞茶历史、茶的采摘炒制和茶的功能等内容,并进行茶艺表演。在每年春季游客还可亲自参与春茶采摘,亲身感受浓浓的茶文化气息,尽享茶文化生态自然之美、农家风情之乐。

(二)龙井村简介

龙井村,位于杭州西湖风景名胜区西南面,为规划建设中的西湖龙井茶文化休闲景区的核心区块。其四面群山环抱,呈北高南低的趋势,东起龙井寺,西至老龙井御茶园,南抵十八涧北端,整个村落呈"Y"形分布,总面积 18.09 公顷,村内常住人口约 800 多人,拥有近 800 亩的高山茶园,位于村庄西北面的北高峰、狮子峰、天竺峰形成一道天然屏障,挡住西北寒风的侵袭,良好的地理环境和优质的水源为茶叶生产提供了得天独厚的自然条件,龙井茶被誉为"中国第一茶",也实在是得益于这山泉雨露之灵气(见图 3-2)。②

① 子虚.杭州梅家坞问茶[EB/OL].(2019-06-06)[2020-01-01].https://www.meipian.cn/25ynijhh.
② 小苏.西湖龙井第一村[EB/OL].(2016-12-03)[2020-04-01].https://www.meipian.cn/9ru3d7m.

图 3-2　龙井村风景

　　龙井村,因盛产顶级西湖龙井茶而闻名于世。东临西子湖,西依五云山,南靠滔滔东去的钱塘江水,北抵插入云端的南北高峰,四周群山叠翠,云雾环绕,就如一颗镶嵌在西子湖畔的翡翠宝石。南面为九溪,溪谷深广,直通钱塘江,春夏季的东南风易入山谷,通风通气的地理条件为龙井茶的生长提供了得天独厚的优势。这里出产的龙井茶位居"狮、龙、云、虎"之首。相传乾隆皇帝下江南时,曾到龙井村狮峰山下的胡公庙品尝西湖龙井茶,饮后赞不绝口,并将庙前十八棵茶树封为"御茶"。

　　(三)茅家埠简介

　　茅家埠位于西湖以西,毗邻西湖的内湖,东望杨公堤,西接龙井路。茅家埠为新西湖一景,野趣自然,有山有水。整个区域景色非常美,既有西湖的灵气,又不像西湖到处都是游人,显得非常幽静(见图 3-3)。茅家埠靠近灵隐,是开放景区,正对茶园,通西湖,有山有水有茶园,还有沿湖木道。天气好的时候,人们可以带着小孩来这捞蝌蚪捕小鱼,随地铺张桌布,围坐在溪水边野餐,还可以参观附近的都锦生故居。茅家埠"野趣"横生,但不失真实朴素,游人漫步"乡间小路","荒芦"丛生,滩涂卵石杂陈,由硬木排支撑的栈道直通芦荡深处。芦苇之中,野鸭戏水,候鸟低飞,好一幅乡野情趣图。秋浓,何不携友杭州茅家埠思古赏芦品茗去!

图 3-3 茅家埠风景

二、选择杭州茶文化农家乐为调研案例的原因

(一)杭州茶文化历史悠久、基础坚实

杭州襟江带湖,西有西湖,南临钱塘江,受一江一湖水汽调节和东南亚季风的影响,气候温暖湿润,时常有和风细雨,朝云暮雾,独特的小气候十分有利于茶树的生长。因此早在唐代杭州就是著名的产茶区。据陆羽《茶经》载:"钱塘生天竺、灵隐二寺""杭州临安、于潜二县,生天目山,与舒州同"。南宋时杭州已茶事兴盛,城市茶肆大兴,同时从寺院到宫廷再到民间的茶礼仪已成体系。名扬中外的径山茶礼就是在这个时期形成的。

(二)杭州是东方休闲之茶都

如果说"人间天堂"是先人对杭州的盛赞,"东方休闲之都"是渗透进杭州灵魂的现代特质,那么等待了千年之后才得以加冕的"中国茶都"则是最贴近杭城老百姓生活的一个称号。2005 年 4 月,在散发着龙井新茶的清新空气中,在满城桃红柳绿的春意里,杭州获得了"中国茶都"这顶桂冠,从此,杭州与"茶都"自然、贴切地结合在一起,形影相随。"中国茶都"的美称花落杭州是实至名归的,杭州作为"风景旅游城市",龙井茶就是其中一道独特而重要的风景;杭州作为"历史文化名城",龙井茶就是其中一种独特而重要的文化,可见龙井茶在杭州的地位之高。

杭州是一座有着茶景的城市,景趣是旅游者游出来的。在杭州,旅游是茶文化的传播使者,茶文化则是旅游的内在精神;茶因旅游而弘扬,旅游因茶而光大,两者互为优势,相得益彰。比如梅家坞,走的是"茶文化村"的路子,能够让游客赏景、品茶、休闲。"茶"与"景"合二为一,反映的是杭州原住民的生活生态,也是茶业与旅游业共兴的生命力之所在。详情见图3-4。

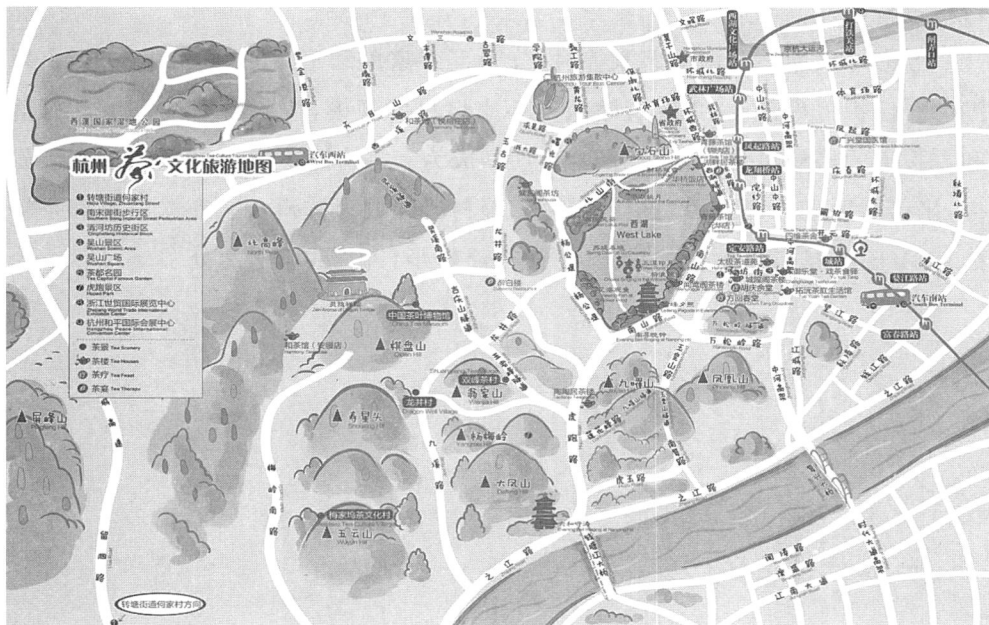

图 3-4　杭州茶文化旅游地

(三)选择梅家坞、龙井村和茅家埠具有抽样代表性

从 2000 年杭州梅家坞第一家农家乐开办经营至今已有 14 年的时间,梅家坞在江浙开展农家乐旅游的地区中并不算历史悠久,其占地面积和规模在同类经营者中也不算突出,但是它却能在较短时间内打出知名度,在杭州乃至长江三角洲的旅游发展中占有自己的地位,成为杭州市的一块金字招牌。前往梅家坞农家乐旅游的游客 80% 以上都是冲着西湖龙井茶而来,在喝茶的同时,若能

置身于龙井茶的原产地,自然更能体会到这茶中的安静与祥和。梅家坞农家乐的兴旺也启示了其他地区的农家乐经营者,走特色发展之路是农家乐发展的根本。作为杭州中国茶都的重要载体,梅家坞茶文化村已成为杭州对外的一块"金字招牌"。随着梅灵隧道的开通,梅家坞村成为都市人假日休闲的地方。人们走进"梅坞",亲近自然,尽情享受茶文化休闲、观光、旅游的无穷乐趣。

龙井村里集中着茶文化休闲体验活动的主要活动场地。相比梅家坞和茅家埠,龙井村的农家乐起步比较晚,但是环境之美绝不亚于梅家坞和茅家埠。龙井村在山上,夏天很凉快,空气也好,而且西湖龙井都种在山上,属于高山茶,口感也特别好。

茅家埠水面之西即为茅家埠村,分为上茅家埠和下茅家埠。2003 年,在西湖综合保护工程建设中,政府缩减下茅家埠村的规模,按照西湖传统水乡村落和古香道的格局对其进行整治调整,使其成为上香古道上重要的空间节点。如今,坐落在西湖西面群山之中的上茅家埠村已经成为杭州农家餐饮和农家茶楼的又一旺点,是不想远行的杭州人"偷得浮生半日闲"的常去之处。

第二节 研究假设

一、操作性定义

根据第二章的文献综述,笔者对本研究中涉及的概念及变量加以总结。

(一)受访游客人口特征

受访游客基本资料,包括性别、年龄、婚姻状况、职业、文化程度、收入等状况。

(二)休闲涉入

回顾上述相关学者对休闲涉入测量变量,可以明显看出,在探讨休闲涉入时,学者所提出来变量不尽相同,但仍然可以发现大多数的学者使用休闲涉入变量以吸引力、中心性及自我表现三大变量来衡量休闲活动涉入程度。笔者在参考 McIntyre & Pigram(1992)、Havitz & Dimanche(1990)、Kyle et al.(2003)等学者对休闲涉入定义的基础上,将休闲涉入定义如下:个体出于自身的爱好、需求、价值观念等因素,在参与某种休闲活动时所达到的愉悦感与自身的相关程度。

结合 Kyle & Mowen(2005)开发的休闲涉入测量量表,本书形成此项研究休闲涉入测量量表,维度分别是吸引力、自我表现、中心性。

吸引力是指个体在认知上能确知茶文化休闲活动的重要性和从中获取愉悦、享乐的价值。

自我表现则是个人在参与茶文化休闲活动的过程中极力想达成的形象塑造和精神状态(Mcintyre & Pigram,1992)。

中心性是指个体选择该项茶文化休闲活动时所发生的社会互动情况。

(三)休闲体验

本书认为乡村休闲旅游者休闲体验的定义是指在某一时间内,个人出于内在动机且在自由选择下,在乡村休闲活动进行中与他人及环境产生互动所得到所获得的感受或经验,以及因为置身其中而反映出的自由、愉悦等心理状态。结合林映秀(2005)休闲体验的维度构建,本书的休闲体验维度分为娱乐体验、教育体验、逃避体验、审美体验。

娱乐体验:休闲农业中的茶叶采摘作为近年迅速兴起的新型休闲业态,因参与性、趣味性、娱乐性强而受到消费者的青睐,已成为现代茶文化休闲农业与乡村旅游的一大特色。茶文化休闲农业活动还包括:抓鱼、捡鸡蛋、逮鸡等乡村野趣项目,民间二人转、民间演义、篝火晚会等乡村娱乐活动,玉米迷宫、真实版愤怒的小鸟、稻草人等创意农业活动。在休闲农业中,"吃"应该超越基本的生活需求,提升为"尝",为消费者提供本地土生土长的特色美食。

教育体验:兴起的"农家乐"项目,也成为许多父母教育子女的方式,让孩子亲自种植茶叶、蔬菜、水果,亲自管理,体会种植的乐趣和收获的快乐,在潜移默化中将节约、勤劳的教育理念灌输进孩子的意识中,寓教于乐,发挥农业的教育功能。参观茶文化博物馆,了解茶文化的知识。缺少科普教育的休闲农业体验是残缺的、不完美的,因为从城市人需求的视角来看,久居城市的人们渴望了解农业的奥秘及农村的生活方式,这种农村和城市的差异性、互补性是发展旅游的基本条件。

逃避体验:放松心情、释放压力是大多数旅游者出游的主要目的。休闲农业的体验不仅指住宿体验,而是从各个方面给消费者带来身体和心灵的放松与享受,契合旅游者出游目的。当今雾霾成为常态天气,城市环境污染日益严重,让很多人都无比向往自然的绿色,逃离城市,寻找天然氧吧,这些都成为了人们休闲的热点。

审美体验:观光游览、体验农业美必然是休闲农业基本的构成要素。专家经反复斟酌,认为"赏"比"游"更能体现休闲农业体验给人视觉上和心灵上带来的愉悦,而且休闲农业中"赏"的内容和方式都很广泛,可以无限挖掘和创新,包括当地的建筑风景与茶山美景等。

(四)地方依附

本书将地方依附定义为:游客在造访某特定游憩地之后,人融入自然环境中或与环境互动产生体验,透过在该地方游憩可以满足自己的某种或某些需求而产生了依赖感,以及在情感的层面对这个地方产生的认同感、归属感和其他层面的表现。

由于国内研究地方依附与环境负责任行为之间的关系学者不多,且大部分学者都采用了二维度划分方法进行经验研究,因此,本书也将地方依附划分为地方依赖和地方认同两个维度。

地方依赖是指个体感觉认知到某个农家乐让自己可以比在其他地方更感到满意,包括饮食、观光、游玩、摄影等。这里的景观更漂亮,比在其他地方更快乐,这里是个体更喜欢游玩的地方,我愿意花更多的时间在茶文化农家乐,更喜欢这里的产品和设施。

地方认同是指对游玩地有强烈的情感和归属感,非常认同这里,在这里得到的体验是其他景区无法比拟的,喜欢和亲人朋友到这里游玩,到这里放松已经是生活重要的一部分,这里的一切都非常喜欢,个体对某个特定地方产生情感的联结,因而形成对该环境自我管理的过程。

(五)环境负责任行为

本书将环境负责任行为定义为:游客在乡村休闲旅游过程中,所表现出来的尽量减少环境破坏甚至促进环境改善或是有利于环境可持续利用的行为。国内对游客负责任行为的研究较为缺乏,且定量研究中有关环境负责任行为的测量维度稍显模糊,并未统一。本书采用史密斯等学者设计的环境负责任行为调查量表中将环境负责任行为划分的两个维度:一般环境负责任行为和特殊环境负责任行为。

一般环境负责任行为是指"学习怎样解决环境问题""与同行的人讨论环境问题""试图说服朋友采取负责任的环境行为""与父母讨论环境"等。

特殊环境负责任行为则包括"参与社区清洁等活动""参加环保相关的活动""主动捡起垃圾"等。

二、关系假设

根据前一章的文献中提出的研究架构,结合本书的研究内容,笔者提出本书的研究假设,如图 3-5 所示。

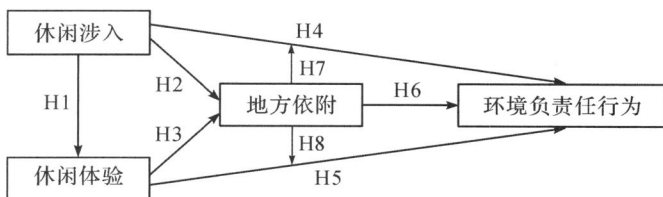

图 3-5 本书研究假设

研究假设:

假设H1:休闲涉入与休闲体验存在显著相关性

　　H1-1:吸引力与休闲体验存在显著相关性

　　H1-2:自我表现与休闲体验存在显著相关性

　　H1-3:中心性与休闲体验存在显著相关性

假设H2:休闲涉入对地方依附存在显著影响

H2-1：吸引力对地方依附存在显著影响

H2-2：自我表现对地方依附存在显著影响

H2-3：中心性对地方依附存在显著影响

假设H3：休闲体验对地方依附存在显著影响

H3-1：娱乐体验对地方依附存在显著影响

H3-2：教育体验对地方依附存在显著影响

H3-3：逃避体验对地方依附存在显著影响

H3-4：审美体验对地方依附存在显著影响

假设H4：休闲涉入对环境负责任行为存在显著影响

H4-1：吸引力对环境负责任行为存在显著影响

H4-2：自我表现对环境负责任行为存在显著影响

H4-3：中心性对环境负责任行为存在显著影响

假设H5：休闲体验对环境负责任行为存在显著影响

H5-1：娱乐体验对环境负责任行为存在显著影响

H5-2：教育体验对环境负责任行为存在显著影响

H5-3：逃避体验对环境负责任行为存在显著影响

H5-4：审美体验对环境负责任行为存在显著影响

假设H6：地方依附与环境负责任行为存在显著相关性

H6-1：地方依赖与环境负责任行为存在显著相关性

H6-2：地方认同与环境负责任行为存在显著相关性

假设 H7：地方依附在休闲涉入对环境负责任行为中具有中介作用

假设 H8：地方依附在休闲体验对环境负责任行为中具有中介作用

第三节　研究工具

本书研究工具为自编的结构式问卷,问卷设计依据研究目的及研究架构,参考相关文献、问卷、量表,并经由群体访谈及专家指导,编制而成《乡村休闲旅游者休闲涉入、休闲体验、地方依附对环境负责任行为影响》问卷。

一、问卷初稿编制

（一）焦点群体访谈

笔者从 2015 年 12 月开始，先后联系并邀请相关人士进行焦点群体访谈，该访谈于 2016 年 4 月 1 号结束。为初步了解茶文化农家乐游客在休闲涉入体验情境下表现出的地方依附和环境负责任行为相关内容的真实有效性，首先分别对梅家坞游客（6 名）、龙井村游客（6 名）、茅家埠游客（6 名）以及旅游商铺经营者（6 名）分四组，在不同的时间和地点采用半结构式的访谈问卷（见附录一）面对面进行了焦点小组访谈。访谈的主要目的是探讨在茶文化农家乐中哪些休闲涉入及哪些体验可以增加游客的地方依附，包括哪些具体方面细节；访谈对象在休闲涉入中经历的体验感受如何增强他们的环境负责任行为。在开放式访谈过程中，根据受访游客的回答进行深入的追问，深入挖掘对量化问卷构建有用的信息。

通过焦点群体访谈，笔者得出以下几点结论：（1）游客选择来茶文化农家乐的原因有：茶文化农家乐比较休闲放松，游客不喜欢人多热闹的地方，喜欢较为清静幽雅亲近大自然的环境。（2）在茶文化农家乐游客可以朋友聚会，山珍海味吃多了，品尝价廉物美的无添加的农家菜，饭后来杯清茶，不亦乐乎。（3）大部分游客在茶文化农家乐休闲旅游中，能体验风土人情的美，能暂时忘却工作压力，保持心情愉悦。（4）游客如实回答道，如果选择农家乐并不一定会选择茶文化农家乐，但如果为了体验茶文化农家乐，那梅家坞、龙井村等地点是独一无二的地方。（5）游客来茶文化农家乐喜欢和亲人朋友一起来，而且和亲人朋友一起来的可能性较高。（6）经营商户和游客都反映不少人非常喜欢茶文化农家乐的体验，由于搬家、堵车等原因导致距离远了，车程超过一个半小时就减少了茶文化休闲涉入体验的次数。（7）访谈中了解到游客喜欢一个地方的确会减少对环境的破坏，但如果当地本身就卫生情况较差，会降低自己的环境负责任行为。（8）游客在访谈中也表示自己会保护当地环境，会参加环保活动，但前提是自己有时间和机会。

（二）表面效度

透过第二章文献探讨，借以综合、归纳并建构本研究问卷的初稿，经与指导教授讨论后，再征询游历茶文化农家乐游客、有丰富户外活动经验的同事（本人隶属于高校，同事基本都为硕士研究生）的意见，而将问卷中原本语意不清的题目加以修正。

（三）专家效度考验

首先，课题组编制了《乡村休闲旅游者休闲涉入、休闲体验、地方依附对环境负责任行为影响》问卷初稿，完成表面效度。其次，课题组邀请五位研究休闲农业或者乡村旅游的学者专家与行业工作者（详情见表 3-1）分别对题项适当性、题意表达、文字叙述的完整性及明确性进行审核，删除不必要字句与题目后，加以润饰，建立专家效度。最后，课题组归纳专家学者的意见后，再与指导教授讨论，考虑予以修改或删除，编拟完成问卷的初稿并作为预问卷发放。

表 3-1　专家来源构成

专家姓名	职称	研究方向	工作单位
蒋龙成	教授	乡村旅游	杭州科技职业技术学院
任鸣	教授	旅游标准化	浙江旅游职业学院
郎富平	副教授	乡村旅游	浙江旅游职业学院
章筧	副教授	景区管理	浙江旅游职业学院
余云健	金牌导游	导游	杭州科技职业技术学院

（二）问卷初稿设计

问卷是课题组参考国内外相关研究文献及问卷，同时根据焦点群体访谈的观点、表面效度以及专家效度对问项进行适当的修改调整编制而成。调查对象主要针对城市居民，采用结构式问卷来取得数据资料。本研究的初始问卷名称为《乡村休闲旅游者休闲涉入、休闲体验、地方依附对环境负责任行为影响》（详

见附录二),根据研究需要,共分成个人基本资料、休闲涉入、休闲体验、地方依
附部分和环境负责任行为共五部分。初始问卷共计 66 题,问卷测量均采用李
克特(Likert scale)七点测量尺度,就受访游客的同意程度依次给 1 分到 7 分,
分别代表"非常不同意"到"非常同意"。

　　1. 休闲涉入部分

　　休闲涉入沿用已经被反复验证过的休闲涉入的三个维度:中心性、吸引力
和自我表现(McIntyre,1989;McIntyre & Pigram,1992;Kyle et al.,2003;Kyle
et al.,2004;),笔者根据研究需要进行相应修改,共设计 12 个题项,采用李克
特(Likert scale)七点测量尺度,就受访游客的同意程度依次给 1 分到 7 分,分
别代表"非常不同意"到"非常同意",见表 3-2。

表 3-2　乡村休闲旅游者休闲涉入题项描述

休闲涉入	原始测量题项	来　源	修改后测量题项
吸引力	在这里游玩对我来说很重要; 我非常喜欢在这里游玩; 在这里游玩是最令我满足的活动之一; 在这里游玩让我感到很快乐; 在公园游玩是我感兴趣的事	Kyle et al. (2004); 张玲(2010) Lee & Shen (2013);	在茶文化农家乐游玩对我来说很重要; 我非常喜欢在这里游玩; 在这里游玩是最令我满足的活动之一; 在这里游玩是一件令人开心的事; 在这里游玩是我感兴趣的事
自我表现	在这里游玩过程中我可以不受约束地做自己; 在这里游玩时,我在意别人对我来这里的看法; 在这里游玩时的我是真实的我; 人在这里的活动反映了他是一个什么样的人	Mock et al. (2013); Prayag & Ryan (2012); 闻鸿儒(2012); 陆敏等(2014)	在这里游玩我可以无拘无束; 在这里游玩时,我在意别人看待我的方式; 在这里游玩时,我表现的是最真实的自己; 人在茶文化农家乐活动反映了他是什么类型的人
中心性	在这里游玩是我生活中的重要休闲方式之一; 我愿意与朋友谈论我在这里游玩经历; 我的许多朋友都喜欢来这里游玩	张玲(2010); Chang & Gibson (2011); Jun et al. (2012); 陆敏等(2014)	在这里游玩是我生活中的重要休闲方式之一; 我愿意与朋友分享我在这里游玩经历; 我的许多朋友都喜欢来这里游玩

2.休闲体验部分

休闲体验问项主要对娱乐体验、教育体验、逃避体验、审美体验四个方面进行测量(Pine & Gilmore,1998;魏小安,2005;林映秀,2005;黄瑞昌,2013;李凌,2011),笔者根据研究需要进行相应修改,共设计12个题项,采用李克特(Likert scale)七点测量尺度,就受访游客的同意程度依次给1分到7分,分别代表"非常不同意"到"非常同意",见表3-3。

表3-3　乡村休闲旅游者休闲体验影响题项描述

休闲体验	原始测量题项	来源	修改后测量题项
娱乐体验	休闲体验能让我心情愉悦; 休闲体验能让我感到放松舒畅; 休闲体验能让我有味觉、触觉的享受	Pine & Gilmore(1998); 魏小安(2005); 林映秀(2005); 黄瑞昌(2013); 李凌(2011)	茶文化农家乐体验能让我身心愉悦; 茶文化农家乐体验能让我感到放松舒畅; 茶文化农家乐体验能让我有味觉、触觉的享受
教育体验	休闲体验能让我认识农作物,了解农作物的生长; 休闲体验能让我了解种植、养殖,培养动手能力; 休闲体验能让我学到更多茶文化知识		茶文化农家乐体验能让我了解茶文化历史,了解茶叶的生长; 茶文化农家乐体验能让我了解茶叶种植、采摘、制作,培养动手能力; 茶文化农家乐体验能让我学到更多茶文化知识
逃避体验	体验能让我摆脱生活压力,忘却烦恼; 休闲体验能让我暂时逃离现实; 休闲个性化体验能让我感受到尊重		茶文化农家乐体验能让我摆脱生活压力,忘却烦恼; 茶文化农家乐体验能让我暂时逃离现实生活; 茶文化农家乐个性化体验能让我感受到尊重
审美体验	乡村风土人情能给人以美的享受; 建筑设计风格能给人以美的享受; 对这里环境的清洁非常满意		茶文化农家乐的乡村风土人情能给人美的享受; 茶文化农家村落环境风景美; 茶文化农家村落环境干净清洁

3.地方依附部分

地方依附问项沿用已经被反复验证过的休闲涉入的两个维度:地方依赖和地方认同(Backlund & Williams,2003;Gross & Brown,2006;Williams &

Roggenbuck，1989），笔者根据研究需要进行相应修改，共设计 18 个题项，采用李克特（Likert scale）七点测量尺度，就受访游客的同意程度依次给 1 分到 7 分，分别代表"非常不同意"到"非常同意"，见表 3-4。

表 3-4　乡村休闲旅游者地方依附影响题项描述

地方依附	原始测量题项	来　源	修改后测量题项
地方依赖	我在这里比在其他地方更感到满意； 我喜欢参加这里的活动，包括饮食、观光、游玩、摄影等； 这里的景观比较漂亮，十分吸引人； 我在这里比在其他地方更快乐； 我认为在这里游玩比在其他地方更为重要； 这里是我最喜欢游玩的地方； 我不会转换到这里以外的地方去游玩； 如果可以，我愿意花更多的时间在农家乐； 没有其他地方可与这里相比较； 我喜欢在这里更胜于其他地方； 我很喜欢这里的产品和设施	吴小旭（2010）；肖潇等（2013）	我在茶文化农家乐比在其他农家乐更感到满意； 我喜欢参加这里的活动，包括饮食、观光、游玩、摄影等； 这里的风景比较漂亮，十分吸引人； 我在这里比在其他农家乐更快乐； 我认为在这里游玩比在其他农家乐更重要； 这里是我最喜欢游玩的地方之一； 我不会转换到这里以外的农家乐去游玩； 如果可以，我愿意花更多的时间在茶文化农家乐； 没有其他农家乐可与这里相比较； 我喜欢在这里更胜于其他地方； 我很喜欢这里的产品和设施
地方认同	这里对我具有重大精神意义； 我觉得我对这里有强烈的情感； 我对这里有强烈的归属感； 我非常认同这里； 在这里得到的体验是其他景区无法比拟的； 我喜欢和亲人朋友到这里游玩，到这里放松已经是我生活重要的一部分； 这里的一切我都非常喜欢		这里对我具有重大精神意义； 我觉得我对这里有强烈的情感； 我对这里有强烈的归属感； 我非常认同这里； 在这里得到的体验是其他农家乐无法比拟的； 我喜欢和亲人朋友到这里游玩，到这里放松已经是我生活重要的一部分； 这里的一切我都非常喜欢

4.环境负责任行为部分

环境负责任行为问项主要对一般环境负责任行为及特殊环境负责任行为两个方面进行测量（Smith-Sebasto，1995；Halpenny，2006；蒋璐，2015；余及斌，2015），笔者根据研究需要进行相应修改，共设计 9 个题项，采用李克特（Likert scale)七点测量尺度,就受访游客的同意程度依次给 1 分到 7 分,分别代表"非常不同意"到"非常同意",见表 3-5。

表 3-5　乡村休闲旅游者环境负责任行为影响题项描述

环境负责任行为	原始测量题项	来源	修改后测量题项
一般环境负责任行为	我会说服同行亲友采取对自然有利的行为; 我会学着解决环保问题; 我会阅读有关环境的文章或书籍; 我会与他人讨论环保问题; 我不会破坏这里的环境	Smith-Sebasto(1995),Halpenny(2006),蒋璐(2015),余及斌(2015)	我会说服同行亲友采取对自然环境有利的行为; 我会学着解决环保问题(如遇到环境被破坏,寻求解决办法); 我会阅读有关环境的文章或书籍; 我会与他人讨论环保问题; 我不会破坏这里的环境
特殊环境负责任行为	我看到破坏行为上前阻止; 我看到垃圾会捡起来; 如果有改善这里环境的活动我会参加; 我会节约用水,看到水龙头未关,会及时去关		我看到他人破坏环境行为会上前阻止(如折损茶树等); 我看到地面垃圾会捡起来; 如果有保护当地环境的活动我会参加; 我会节约用水,看到水龙头未关,会及时去关

二、问卷预调查与调整

在问卷设计过程中,笔者实施问卷的预调查与调整机制:在问卷初稿设计完成后,在杭州梅家坞、龙井村及茅家埠茶文化农家乐等地,针对乡村休闲旅游者发放了 100 份问卷进行预测试,并根据预测试的结果对问卷进行调整和优化,最终形成正式问卷。

(一)预调研资料分析

从回收的资料来看,预调研中有 32 位男性(32%)和 68 位(68%)女性接受问卷调查,女性比例比男性比例高一倍。在接受调查者当中,从年龄的构成来看,18~24 岁的受访游客有 19 位(19%),25~34 岁的受访游客有 38 位(38%),35~44 岁的受访游客有 18 位(18%),45~54 岁的受访游客有 12 位(12%),55 岁以上的受访游客有 13 位(13%),25~34 岁年龄组和 45~54 岁以上年龄组所占比例较大。其中未婚者 47 人(47%),已婚者 49 人(49%),其他 4 人(4%)。从职业来看,企事业工作人员有 33 人(33%),专业/文教人员有 39 人(39%),学生有 20 人(20%),退休人员有 4 人(4%),其他有 4 人(4%)。从文化程度来看,专科有 41 人(41%),高中文化程度有 4 人(4%),本科有 55 人(55%)。月收入 1501~3000 元的有 13 人(13%),月收入 3001~5000 元的有 28 人(28%),月收入 5001~7000 元的有 24 人(24%),月收入 7000 以上的有 24 人(24%),仅有 11 人(3.8%)是月收入 1500 元以下的。受访游客来过茶文化农家乐 1 次的有 17 人(17%),2~3 次的有 35 人(35%),4~5 次的有 22 人(22%),5 次以上的有 26 人(26%),可见大多数来茶文化农家乐的游客都是常客,有重游意愿。受访游客居住在杭州本地的有 94 人(94%),仅 6 人(6%)是其他地区的游客。受访游客一般都是结伴而行的,2~3 人同行的有 28 人(28%),4~6 人同行的比例最多,有 55 人(55%),7~10 人同行的有 14 人(14%),10 人以上团体出行的有 3 人(3%)。

(二)问卷项目分析删题依据说明

本研究问卷项目分析使用 SPSS21.0 统计套装软件程序,并采取下列指标作为选题依据或删题依据。

1. 极端组比较

将所有受访游客中问卷整体得分最高与最低的各 27% 予以归类分组,进行 t 值检验,若 t 值达显著水平,且其绝对值大于 3,表示具良好反应高低组的鉴别力。但若该题的临界比(critical ratio)未达 0.05 的显著性,且其绝对值小于 3,则应考虑予以删除。

2. 同质性检验

同质性检验包含下列两种方法:(1)题目与总分相关法(内部一致性分析);

个别题目同质性简易标准以与总分相关度高于 0.3 为标准。(2)因素分析法:以因素负荷量高于 0.3 为标准,若因素负荷量低于 0.3,表示与题目相关度较低。

(三)项目分析综合判断

1. 休闲涉入量表

如表 3-6 所示,笔者用极端组比较法与同质性检验法进行项目分析后,发现第 7 题达到删题标准,故予以删除。而其他题项未达到删题标准,故采取保留。

表 3-6　休闲涉入量表项目分析结果

题号	极端组 t 检验	相关度	因素负荷	删除情况
1	3.550	0.352	0.674	保留
2	5.669	0.693	0.822	保留
3	6.530	0.727	0.709	保留
4	7.005	0.731	0.659	保留
5	5.823	0.740	0.742	保留
6	10.302	0.801	0.863	保留
7	2.616	0.329	0.195	删除
8	7.200	0.695	0.593	保留
9	6.410	0.714	0.728	保留
10	7.553	0.777	0.670	保留
11	6.934	0.708	0.661	保留
12	7.060	0.722	0.612	保留

2. 休闲体验量表

如表 3-7 所示,笔者用极端组比较法与同质性检验法进行项目分析后,发现题项未达到删题标准,故采取保留。

表 3-7　休闲体验量表项目分析结果

题号	极端组 t 检验	相关度	因素负荷	删除情况
1	4.419	0.640	0.590	保留
2	4.111	0.637	0.696	保留
3	4.359	0.638	0.610	保留
4	3.742	0.608	0.777	保留
5	3.248	0.557	0.897	保留
6	3.432	0.602	0.790	保留
7	5.291	0.776	0.765	保留
8	5.950	0.740	0.741	保留
9	4.375	0.627	0.713	保留
10	5.620	0.747	0.800	保留
11	4.192	0.701	0.791	保留
12	5.293	0.658	0.511	保留
13	6.163	0.694	0.691	保留
14	5.337	0.656	0.767	保留
15	4.970	0.584	0.565	保留

3.地方依附量表

如表 3-8 所示,笔者用极端组比较法与同质性检验法进行项目分析后,发现题项未达到删题标准,故采取保留。

表 3-8　地方依附量表项目分析结果

题号	极端组 t 检验	相关度	因素负荷	删除情况
1	5.366	0.635	0.767	保留
2	7.236	0.734	0.803	保留
3	7.803	0.686	0.673	保留
4	6.486	0.791	0.718	保留
5	7.318	0.814	0.714	保留

续表

题号	极端组 t 检验	相关度	因素负荷	删除情况
6	9.623	0.774	0.739	保留
7	4.049	0.611	0.420	保留
8	4.290	0.731	0.676	保留
9	4.379	0.682	0.742	保留
10	5.522	0.840	0.800	保留
11	4.271	0.774	0.823	保留
12	5.606	0.783	0.787	保留
13	6.250	0.831	0.791	保留
14	7.312	0.842	0.800	保留
15	6.964	0.805	0.699	保留
16	5.831	0.793	0.691	保留
17	8.377	0.831	0.769	保留
18	4.454	0.769	0.639	保留

4. 环境负责任行为量表

如表 3-9 所示,笔者用极端组比较法与同质性检验法进行项目分析后,发现题项未达到删题标准,故采取保留。

表 3-9　环境负责任行为项目分析结果

题号	极端组 t 检验	相关度	因素负荷	删除情况
1	6.310	0.756	0.705	保留
2	6.330	0.824	0.799	保留
3	6.680	0.719	0.690	保留
4	6.127	0.618	0.720	保留
5	3.918	0.463	0.467	保留
6	4.293	0.687	0.705	保留
7	5.093	0.723	0.865	保留
8	4.132	0.739	0.670	保留
9	4.605	0.786	0.923	保留

三、因子分析

游客休闲涉入、休闲体验、地方依附与环境负责任行为研究调查问卷经项目分析删除部分题项后,即进行预问卷测试,用 100 份有效问卷进行因子分析以建构问卷效度。本研究以主轴因子法与转轴法中的最大变异法进行分析,分析正式问卷休闲涉入量表、休闲体验量表、地方依附量表以及环境负责任行为量表。

本研究根据邱皓政(2000)的可信度高低与 Cronbach's α 值对照表(如表 3-10 所示),对问卷的环境认知、环境态度、环境行为进行信度分析,若 Cronbach's α 值大于 0.7,则表示本研究问卷可信度高。

表 3-10 可信度高低与 Cronbach's α 值对照

可信度	Cronbach's α
非常可信	>0.9
很可信(次常见)	$[0.7, 0.9]$
很可信(最常见)	$[0.5, 0.7)$
可信	$[0.4, 0.5)$
稍微可信	$[0.3, 0.4)$
不可信	<0.3

注:根据自邱皓政(2000)文献整理。

(一)休闲涉入信度与建构效度的评估

在进行探索性因子分析之后,休闲涉入量表共抽取三个因子,因横跨因子及负荷量不足的缘故,删除了 LI_4 和 LI_5,共两题。每个因子都有三个题项以上,代表本量表的内容效度符合条件。综合个专家学者对于休闲涉入的定义,分别命名为"吸引力""自我表现""中心性",如表 3-11 所示。

表 3-11 休闲涉入信度与效度评估

变量	成分			Cronbach's α		共同性
	1	2	3			
LI_1			0.883	0.792	0.904	0.788
LI_2			0.768			0.814
LI_3			0.608			0.714
LI_4						0.691
LI_5						0.757
LI_6	0.861			0.888		0.907
LI_8	0.837					0.792
LI_9	0.791					0.762
LI_{10}		0.680		0.877		0.732
LI_{11}		0.780				0.794
LI_{12}		0.872				0.866
特征值	3.582	2.832	2.202			
解释变异	32.562	25.749	20.020			
累积解释变异	32.562	58.311	78.332			
因子命名	自我表现	中心性	吸引力			

(二)休闲体验信度与建构效度的评估

在进行探索性因子分析之后,休闲体验量表共抽取三个因子,由于参考了经典量表,每个因子都有三个题项以上,代表本量表的内容效度符合条件。综合个专家学者对于休闲体验的定义,分别命名为"审美体验""移情体验""教育体验""娱乐体验"。总量表的 Cronbach's α 值为 0.920,代表本量表具有信度。详见表 3-12。

表 3-12 休闲体验信度与效度评估

变量	成分				Cronbach's α		共同性
	1	2	4	5			
LE₁			0.804		0.814	0.920	0.890
LE₂			0.789				0.863
LE₃			0.851				0.889
LE₄		0.878			0.845		0.936
LE₅		0.818					0.918
LE₆		0.890					0.912
LE₇				0.488	0.851		0.888
LE₈				0.779			0.890
LE₉				0.768			0.874
LE₁₀	0.799				0.825		0.890
LE₁₁	0.852						0.901
LE₁₂	0.454						0.737
特征值	2.336	1.977	1.972	1.865			
解释变异	17.969	15.210	15.173	14.343			
累积解释变异	17.969	50.316	65.489	79.832			
因子命名	审美体验	教育体验	娱乐体验	逃避体验			

（三）地方依附信度与建构效度的评估

在进行探索性因子分析之后，因横跨因子及负荷量不足的缘故，删除了 PA_3，PA_5，PA_8，PA_9，PA_{10}，PA_{11}，PA_{15}，PA_{17}，PA_{18}，共九题。地方依附量表共抽取两个因子，每个因子都有三个题项以上，代表本量表的内容效度符合条件。综合个专家学者对于成本感知的定义，分别命名为"地方依赖""地方认同"。总量表的 Cronbach's α 值为 0.946，代表本量表具有信度。详见表 3-13。

表 3-13　地方依附信度与效度评估

变量	成分		Cronbach's α		共同性
	1	2			
PA_1		0.993	0.918	0.946	0.767
PA_2	0.930	0.930			0.803
PA_3					0.673
PA_4	0.681				0.718
PA_5					0.714
PA_6		0.860			0.739
PA_7	0.411		0.925		0.420
PA_8					0.676
PA_9					0.742
PA_{10}					0.800
PA_{11}					0.823
PA_{12}	0.889				0.787
PA_{13}	0.787				0.791
PA_{14}	0.765				0.800
PA_{15}					0.699
PA_{16}	0.631				0.691
PA_{17}					0.769
PA_{18}					0.639
特征值	9.772	9.117			
解释变异	62.964	9.534			
累积解释变异	62.964	72.498			
因子命名	地方认同	地方依赖			

(四)环境负责任行为信度与建构效度的评估

在进行探索性因子分析之后,因横跨因子及负荷量不足的缘故,删除了 REB_5 和 REB_8,共两题。环境负责任行为量表共抽取两个因子,每个因子都有三个题项以上,代表本量表之内容效度符合条件。综合个专家学者对于休闲体验的定义,分别命名为"一般环境负责任行为""特殊环境负责任行为"。总量表的 Cronbach's α 值为 0.915,代表本量表具有信度,详见表 3-14。

表 3-14　环境负责任行为信度与效度评估

变量	成分		Cronbach's α	共同性
	1	2		
REB_1		0.705	0.869	0.705
REB_2		0.744		0.799
REB_3		0.744		0.690
REB_4		0.833		0.720
REB_5			0.901	0.467
REB_6	0.796			0.705
REB_7	0.908			0.865
REB_8				0.670
REB_9	0.928			0.923
特征值	3.391	3.153		
解释变异	37.681	35.029		
累积解释变异	37.681	72.710		
因子命名	特殊环境负责任行为	一般环境负责任行为		

四、正式问卷

(一)个人基本资料

本研究个人基本资料部分共分 15 题。

1. 性别

　　□(1)男　　　　　　□(2)女

2. 年龄

　　□(1)18～24 岁　　　□(2)25～34 岁　　　□(3)35～44 岁

　　□(4)45～54 岁　　　□(5)55 岁以上

3. 婚姻状况

　　□(1)已婚　　　　　□(2)未婚　　　　　□(3)其他

4. 职业

    □(1)政府工作人员   □(2)企事业工作人员   □(3)专业/文教人员

    □(4)学生   □(5)手工业   □(6)退休

    □(7)失业(待业中)   □(8)其他

5. 文化程度

    □(1)小学或以下   □(2)初中   □(3)高中或中专

    □(4)专科   □(5)本科   □(6)硕士及以上

6. 请问您来这里游玩的次数有多少?

    □(1)1 次   □(2)2~3 次   □(3)4~5 次

    □(4)5 次以上

7. 请问您个人月收入是多少?

    □(1)1500 元以下   □(2)1501~3000 元   □(3)3001~5000 元

    □(4)5001~7000 元   □(5)7000 元以上

8. 请问您来这里游玩的费用多少?

    □(1)0 元   □(2)100 元以下   □(3)100~500 元

    □(4)501~1000 元   □(5)1000 元以上

9. 请问您与一行同行几人?

    □(1)1 人   □(2)2~3 人   □(3)4~6 人

    □(4)7~10   □(5)10 人以上

10. 请问您在这里游玩时间大概多久?

    □(1)半天以内   □(2)半天以上 1 天以内   □(3)1 天

    □(4)1 天以上

11. 您是否居住在杭州地区? 若是则回答下一个问题,若不是则回答具体城市。

    □是   □不是

12. 请问您居住在杭州哪个区?

    □(1)上城区   □(2)下城区   □(3)拱墅区

    □(4)江干区   □(5)西湖区   □(6)余杭区

    □(7)滨江区   □(8)萧山区   □(9)富阳区

13.请问您从什么渠道了解到这个地方?(可复选)

☐(1)报纸 ☐(2)杂志 ☐(3)广告信函

☐(4)电视 ☐(5)网络 ☐(6)学校

☐(7)亲友 ☐(8)居住社区 ☐(9)座谈会或演讲

☐(10)其他_____

14.请问您使用何种交通工具到达这里?

☐(1)私家车 ☐(2)出租车 ☐(3)公交车

☐(4)地铁 ☐(5)步行 ☐(6)非机动车

☐(7)其他

15.请问您从出发到达这里需要多长时间?

☐(1)0.5小时及以内 ☐(2)0.5~1小时(含) ☐(3)1~2小时(含)

☐(4)2~3小时 ☐(5)3小时及以上

(二)问卷的测量变量

本研究问卷的测量变量摘要如表 3-15 所示。

表 3-15　本研究正式问卷测量变量摘要

量表	题数	维度	题项
休闲涉入	9	吸引力	1,2,3
		自我表现	4,5,6
		中心性	7,8,9
休闲体验	12	娱乐体验	1,2,3
		教育体验	4,5,6
		逃避体验	7,8,9
		审美体验	10,11,12
地方依附	9	地方依赖	1,2,3,4
		地方认同	5,6,7,8,9
环境负责任行为	7	一般环境负责任行为	1,2,3,4
		特殊环境负责任行为	5,6,7

第四节 研究样本及抽样

一、研究对象

本研究的调查对象为年满 18 岁、来杭州茶文化农家乐游玩的乡村休闲旅游者。笔者将以符合上述特征的游客作为研究对象,并根据研究的具体设计方案对其进行调查研究。

二、抽样方法

(一)母体、样本

杭州市一共分为上城区、下城区、拱墅区、西湖区、江干区、滨江区、萧山区、余杭区、富阳区九个行政区,其中上城区、下城区、拱墅区、江干区、滨江区没有农家乐,都属于市区范围,没有城乡接合部,富阳区及萧山区没有茶文化农家乐,茶文化休闲农家乐集中在西湖区,选择梅家坞、龙井茶及茅家埠三个茶文化农家乐,它们在杭州是具有代表性的茶文化农家乐。文献研究发现,根据经验法则,样本数至少应该是变量模型题目的 5~8 倍(Bentler & Chou,1987)。本书的设计变量题项是 37 题,因此,本研究将有效调研人数(样本规模)设定为 250 人。

(二)抽样时间

随着带薪休假制度落实及国家假日制度改革,城市居民前往农村旅游、休闲放松已成为一种重要休闲方式,从而极大地推动了我国各地休闲农业的发展,大部分学者也普遍采纳"休闲农业"这一术语。综合考虑调研期间的乡村休闲旅游者自身特点和出行的时间等多种因子,抽样的时间段尽可能选择在双休日和节假日,并采取随机的方式抽取双休日和节假日的不同时间段。

三、调查实施及问卷的筛选

本书的预调研从 2016 年 3 月 1 日开始，分为问卷调查和访谈两个部分，分别在梅家坞、龙井村及茅家埠农家乐进行实地调研。截至 4 月 1 日预问卷发放工作全部完成。采用便利性抽样，共发放 100 份问卷，有效问卷为 100 份，有效回收率为 100%。利用 SPSS21.0 中文版软件对其进行项目分析、信度分析、效度分析以及因子分析等。

正式问卷发放时间为 2016 年 4 月 15 日至 5 月 10 日，采用间隔抽样法，3 人为一个间距，共发放 350 份问卷。通过自然观察法，笔者在一个自然环境中观察被调查游客的行为和举止来验证其填写问卷的有效度。通过自然观察法、问卷漏答题项在 3 项及以上问卷、答案呈现规律性作答的问卷三种筛选方法，笔者删除无效问卷 98 份，收到有效问卷 252 份。

第四章　研究分析与结果

本章先就 252 份样本资料分析和讨论茶文化农家乐游客的休闲涉入、休闲体验、地方依附与环境负责任行为各维度的现况，以及不同背景变量下各维度是否存在差异，进而探讨四个变量之间的关系，最后再探讨依此关系建构的游客环境负责任行为形成是否符合文献探讨的理论模式，能否验证各项假设的成立。本章共分为五节：第一节为茶文化农家乐游客基本描述性分析；第二节为茶文化农家乐游客休闲涉入、休闲体验、地方依附与环境负责任行为的现状分析；第三节为茶文化农农乐游客的各测量变量的验证性因子分析，分别针对四个潜在维度基本模式适合度及区别效度的检验；第四节探讨茶文化农家乐不同背景变量游客的休闲涉入、休闲体验、地方依附与环境负责任行为的差异分析；第五节为茶文化农家乐休闲旅游整体路径分析，主要对茶文化农家乐游客的休闲涉入、休闲体验、地方依附与环境负责任行为的关系进行了分析（含四个维度的相关、预测力与因果结构方程模式验证以及检验地方依附的中介作用）。

第一节　茶文化农家乐游客基本描述性分析

本研究对回收的有效问卷进行样本结构的描述性统计分析，内容包含性别、年龄、婚姻、职业、月收入、文化程度、居住地（是否本地与居住区域）、游玩特征（费用、时间、同行人数）、了解宣传管道方式、使用交通工具、路程时间等 17 个项目。

一、受访游客性别、年龄及婚姻构成

在此次受访游客中,32.9%为男性,67.1%为女性,具体资料如表4-1所示。

表4-1　茶文化农家乐受访游客的性别结构分析

性别	人数/人	占比/%
男性	83	32.9
女性	169	67.1
总计	252	100.0

从受访游客的年龄分布来看,以35～44岁年龄段的比重最大,占36.9%;其次为25～34岁的群体,占33.7%。再往后则依次分别为18～24岁年龄段和45～54岁年龄段的群体。有关受访游客的年龄段分布,详见表4-2。

表4-2　茶文化农家乐受访游客的年龄结构分析

年龄	人数/人	占比/%
18～24	38	15.1
25～34	85	33.7
35～44	93	36.9
45～54	22	8.7
55或以上	14	5.6
总计	252	100.0

从受访游客的婚姻状况来看,单身群体和已婚群体比例大体相当,已婚的受访游客比单身受访游客的占比高13.4%。有关婚姻状况的资料,详见表4-3。

表4-3　茶文化农家乐受访游客的婚姻状况分析

婚姻状况	人数/人	占比/%
已婚	138	54.7
未婚	104	41.3
其他	10	4.0
总计	252	100.0

二、受访游客的职业及收入水平

从受访游客的职业构成来看,此次受访茶文化农家乐游客的职业分布较为全面,人员都有一定的代表。其中受访游客构成比重比较大的三类职业是:企事业工作人员(约占受访游客的 38.9%)、学生(约占受访游客的 18.2%)、专业/文教人员(约占受访游客的 16.3%),三类人员合计占回答该问题的73.4%,具体资料如表 4-4 所示。

表 4-4　茶文化农家乐受访游客的职业分析

职位	人数	占比/%
政府工作人员	25	9.9
企事业工作人员	98	38.9
专业/文教人员	41	16.3
学生	46	18.2
手工业	1	0.4
退休	10	4.0
失业(待业中)	2	0.8
其他	29	11.5
总计	252	100.0

在受访游客的收入方面,占比较高的受访游客的收入水平为月收入 3001~5000 元和 7000 元以上两种类型,这两部分旅客均占了 23.8%。其次为月收入在 1500 元以下的旅客,约占回答此问题的 19.4%。再其次为 1501~3000 元的旅客,占 18.3%。最后为 3001~5000 元的旅客,占 14.7%。调查结果显示茶文化农家乐游客的个人每月收入以中等偏上收入的游客为主。具体调查资料如表 4-5 所示。

表 4-5　茶文化农家乐受访游客的个人月收入分析

月收入	人数/人	占比/%
1500 元以下	49	19.4
1501～3000 元	46	18.3
3001～5000 元	60	23.8
5001～7000 元	37	14.7
7000 元以上	60	23.8
总计	252	100.0

三、受访游客的文化程度

从受访游客的文化程度来看,被调查对象的文化程度以专科或大学为主,其次为本科,两者合计占被调查者的 82.1%。其中专科或大学层次受文化程度的受访游客比例最多,约占受访游客的 47.2%。另硕士及以上学历程度的受访游客约占 13.5%。详细资料参阅表 4-6。

表 4-6　茶文化农家乐受访游客的文化程度分析

文化程度	人数/人	占比/%
小学或以下	3	1.2
初中	2	0.8
高中或中专	6	2.4
专科	119	47.2
本科	88	34.9
硕士及以上	34	13.5
总计	252	100.0

四、受访游客的居住地

从受访游客的居住地来看,被调查对象以居住在杭州的游客为主,占被调查者的92.1%,不居住在杭州的游客约占受访游客的 7.9%,结果表明休闲旅游选址可能具备择近原则。详细资料参阅表 4-7。

表 4-7　茶文化农家乐受访游客的居住地分析

是否在杭州居住	人数/人	占比/%
在杭州居住	232	92.1
不在杭州居住	20	7.9
总计	252	100.0

五、受访游客在杭州的居住地点

从受访游客居住在杭州的游客来看,居住在江干区的最多,占被调查者的20.3%,居住在西湖区的占16.8%,居住在上城区的占16.0%。较少的分别居住在富阳区、余杭区、拱墅区、滨江区、下城区,详细资料参阅表4-8。

表 4-8　茶文化农家乐受访游客在杭州居住地点分析

居住地点	人数/人	占比/%
上城区	37	16.0
下城区	17	7.3
拱墅区	16	6.9
江干区	47	20.3
西湖区	39	16.8
余杭区	14	6.0
滨江区	17	7.3
萧山区	35	15.1
富阳区	10	4.3
总计	232	100.0

六、茶文化农家乐受访游客的行为特征

从受访游客来游玩的次数来看,被调查对象以1次为主(32.1%),其次为2~3次(29.8%),5次以上也不少,占被调查者的27.8%,4~5次占10.3%。后三者累计占67.9%,说明游客的重游率较高。详细资料参阅表4-9。

表 4-9　茶文化农家乐受访游客来游玩的次数分析

游玩次数	人数/人	占比/%
1 次	81	32.1
2～3 次	75	29.8
4～5 次	26	10.3
5 次以上	70	27.8
总计	252	100.0

从受访游客游玩时间来看,被调查对象以半天到一天次为主,占被调查者的 63.1%。详细资料参阅表 4-10。

表 4-10　茶文化农家乐受访游客来游玩的时间分析

游玩时间	人数/人	占比/%
半天以内	43	17.0
半天以上 1 天以内	159	63.1
1 天	42	16.7
1 天以上	8	3.2
总计	252	100.0

从受访游客同行人数来看,被调查对象两人同行的最多,占被调查者的 38.9%,三人同行的占 32.5%,5 人同行的占 15.1%,4 人同行的占 11.1%,1 人游玩的仅仅只占 11.1%。详细资料参阅表 4-11。

表 4-11　茶文化农家乐受访游客来游玩同行人数分析

同行人数	人数/人	占比/%
1 人	6	2.4
2 人	98	38.9
3 人	82	32.5
4 人	28	11.1
5 人及以上	38	15.1
总计	252	100.0

七、茶文化农家乐受访游客了解此地的方式特征

从受访游客了解此地的方式来看,被调查对象以通过亲友了解到此地的为主,占被调查者的59.1%,被调查对象通过网络了解到此地的游客占被调查者的41.3%,这两种是游客了解此地的主要渠道。详细资料参阅表4-12。

表4-12　茶文化农家乐受访游客了解此地的方式分析

了解方式	频次	占比/%
报纸	55	21.8
杂志	30	11.9
广告信函	9	3.6
电视	53	21.0
网络	104	41.3
学校	48	19.0
亲友	149	59.1
居住社区	16	6.3
座谈会或演讲	4	1.6
其他	19	7.5
总计	484	

注:多选项,故总计大于100%。

八、茶文化农家乐受访游客来游玩使用的交通工具的方式特征

从受访游客来游玩使用的交通工具的方式来看,被调查游客以通过私家车到此地的为主,占被调查者的57.9%,被调查游客通过公共交通到此地的游客占被调查者的31.7%,这两种是游客到达此地的主要方式。详细资料参阅表4-13。

表 4-13 茶文化农家乐受访游客来游玩使用的交通工具分析

交通工具种类	人数/人	占比/%
私家车	146	57.9
出租车	14	5.6
公共交通	80	31.7
步行	1	0.4
非机动车	2	0.8
其他	9	3.6
总计	252	100.0

九、茶文化农家乐受访游客来此花费的交通时间

从受访游客来此花费的交通时间来看,以花费 0.5~1 小时(含)及 1~2 小时(含)为主,占被调查者的 80.6%,2~3 小时占被调查者的 9.9%,这两种是游客到达此地的主要方式。详细资料参阅表 4-14。

表 4-14 茶文化农家乐受访游客来此花费的交通时间分析

交通时间	人数/人	占比/%
0.5 小时及以内	19	7.5
0.5~1 小时(含)	102	40.5
1~2 小时(含)	101	40.1
2~3 小时(含)	25	9.9
3 小时及以上	5	2.0
总计	252	100.0

第二节 茶文化农家乐游客休闲涉入、休闲体验、地方依附与环境负责任行为的现状分析

本节就茶文化农家乐游客休闲涉入、休闲体验、地方依附与环境负责任行为分别用李克特(Likert)总加分量表法加以计算并分析各维度问卷平均得分与标准差,以反映目前茶文化农家乐游客休闲涉入、休闲体验、地方依附与环境负责任行为的感受状况。

一、茶文化农家乐游客休闲涉入现状分析

从表 4-15 中可知,茶文化农家乐游客在休闲涉入量表中共涉及 9 题,每题平均得分为 5.1323 分,较中数值 4 分为高,显示得分属于中等偏高程度。依各层面的平均得分而言,吸引力 3 题,平均得分为 5.0344;自我表现 3 题,平均得分为 5.1667;中心性 3 题,平均得分为 5.1958。因此,在休闲涉入层面得分中,以中心性最高,其次依序为自我表现和吸引力。

表 4-15　茶文化农家乐游客在休闲涉入各层面平均数及标准差($N=252$)

变量维度		平均数	标准差	题数	备注
休闲涉入	吸引力	5.0344	1.12663	3	
	自我表现	5.1667	1.10834	3	
	中心性	5.1958	1.09267	3	
合计		5.1323	1.00446	9	

二、茶文化农家乐游客的休闲体验现状分析

从表 4-16 中可知,茶文化农家乐游客在休闲体验量表中共涉及 12 题,每题平均得分为 5.3138 分,较中数值 4 分为高,显示得分属于中等偏高程度。依各层面的平均得分而言,娱乐体验 3 题,平均得分为 5.5344;教育体验 3 题,平均得分为 5.1786;逃避体验 3 题,平均得分为 5.0939;审美体验 3 题,平均得分为 5.4484。因此,在休闲体验层面得分中,以娱乐体验最高,其次依序为审美体验、教育体验、逃避体验。

表 4-16　茶文化农家乐游客在休闲体验各层面平均数及标准差($N=252$)

变量维度		平均数	标准差	题数	备注
休闲体验	娱乐体验	5.5344	1.07742	3	
	教育体验	5.1786	1.25970	3	
	逃避体验	5.0939	1.15795	3	
	审美体验	5.4484	1.06557	3	
合计		5.3138	0.99597	12	

三、茶文化农家乐休闲游客的地方依附现状分析

从表 4-17 中可知,茶文化农家乐游客在地方依附量表中共涉及 12 题,每题平均得分为 4.8324 分,较中数值 4 分为高,显示得分属于中等偏高程度。依各层面的平均得分而言,地方依赖 4 题,平均得分为 5.3442;地方认同 5 题,平均得分为 4.3206。因此,在地方依附层面得分中,以地方依赖最高,其次为地方认同。

表 4-17 茶文化农家乐游客在地方依附各层面的平均数及标准差(N=252)

变量维度		平均数	标准差	题数	备注
地方依附	地方依赖	5.3442	1.02862	4	
	地方认同	4.3206	1.39231	5	
合计		4.8324	1.10022	9	

四、茶文化农家乐游客的环境负责任行为现状分析

从表 4-18 可知,茶文化农家乐游客在环境负责任行为量表中涉及 7 题,每题平均得分为 5.4835 分,较中数值 4 分为高,显示得分属于中等偏高程度。依各层面的平均得分而言,一般环境行为 4 题,平均得分为 5.3810;特殊环境行为 3 题,平均得分为 5.5860。因此,在地方依附层面得分中,以地方依赖最高,其次为地方认同。

表 4-18 茶文化农家乐游客在环境负责任行为各层面的平均数及标准差(N=252)

变量维度		平均数	标准差	题数	备注
环境负责任行为	一般环境行为	5.3810	1.14802	4	
	特殊环境行为	5.5860	0.99939	3	
合计		5.4835	0.96157	7	

第三节　茶文化农家乐游客的各测量变量验证性因子分析

一、休闲涉入量表验证性因子分析

休闲涉入量表是透过验证性因子分析来探讨休闲涉入量表测量模型以及整体模式的适配度。而测量模式可以从信度、建构效度来检验（Bagozzi & Yi，1988），并参考修正指标对变量的参数进行保留或删除。本研究量表的题项中MI值较小，因此决定题目全部予以保留。

一般测量模型要满足下列几个条件，称为具有收敛效度（Hair et al.，1998；Bagozzi et al.，1981）：

（1）因子负荷量（factor loadings，FL）理想上要大于 0.7，在验证式分析下0.6～0.7为可接受范围，探索式研究可以放宽到 0.5。

（2）组成信度（composite reliability，CR）大于 0.7，0.8 以上更为理想，但也不宜过高，如 0.95 以上。

（3）平均变异数抽取量（average variance extracted，AVE）大于 0.5。

（4）多元相关系数的平方（squared multiple coefficient，SMC）大于 0.5。

（一）收敛效度检验

（1）组成信度：本研究的休闲涉入量表中组成信度为 0.79～0.87，表示其内部结构适配之组成信度良好，如表 4-19 所示。

（2）平均变异数抽取量（AVE）：本研究的休闲涉入的平均变异数抽取量为0.55～0.69，如表 4-19 所示。

（3）本研究的休闲涉入量表题项的因子负荷量皆大于 0.50，如表 4-19所示。

（4）本研究的休闲涉入量表题项的因子负荷量皆大于 0.50，如图 4-1 所示。

表 4-19　观察变量信度及潜在变量组成信度与平均变异数抽取量

潜在变量	观察变量	因子负荷量	组成信度	平均变异数抽取量
吸引力	LI₁	0.69	0.87	0.69
	LI₂	0.90		
	LI₃	0.88		
自我表现	LI₄	0.86	0.85	0.65
	LI₅	0.85		
	LI₆	0.70		
中心性	LI₇	0.75	0.79	0.55
	LI₈	0.73		
	LI₉	0.75		

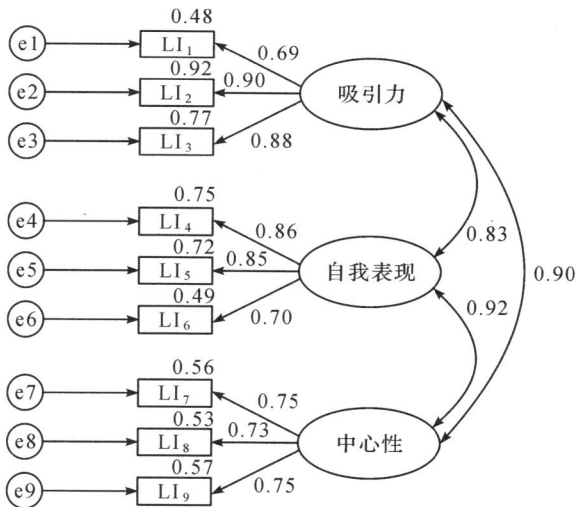

$\chi^2=50.982$ $DF=24$
$\chi^2/DF=2.124$ $P=0.001$
GFI=0.958 AGFI=0.921
RMSEA=0.067

图 4-1　休闲涉入验证性因子分析结构

（二）区别效度

区别效度是指各维度之间所代表的潜在特质存在低度相关或存在显著差异（陈宽裕和王正华，2010；吴明隆，2009）。本研究以 Bootstrap 计算各维度之间95％信赖区间的相关系数,若信赖区间不包含1,则具有区别效度(Torkza-deh et al.,2003)。由表4-20可知本研究95％信赖区间的Bootstrap相关系数均未包含1,故本研究模式具区别效度。

表4-20　相关系数95％信赖区间

参数	估计值	乖离率修正		百分比法	
		最低值	最高值	最低值	最高值
吸引力↔自我表现	0.83	0.83	0.76	0.83	0.76
吸引力↔中心性	0.90	0.90	0.83	0.91	0.83
自我表现↔中心性	0.92	0.92	0.84	0.92	0.84

(三)整体模式配适度检验

本研究参考 Jöreskog et al.(1993)以及吴明隆(2009)的建议,其中七项指标进行整体模式配适度的评鉴,包括 χ^2 检验、χ^2 与其自由度比值、配适指标(GFI)、调整的配适指标(AGFI)、近似均方根误差(RMSEA)、比较配适指标(CFI)以及精简配适指标(PCFI)等,本研究模式 χ^2 与其自由度的比值为 2.12 小于 3;GFI、AGFI、RMSEA、CFI、PCFI 分别为 0.96、0.92、0.068、0.98、0.65。显示本研究结果加以修正后,整体相关指标大部分在可接受范围内,如表4-21所示。

表4-21　研究模式的配适度分析

适配指标	可容许标准	模式指标	模式配适判断
χ^2(理想值)	越小越好	50.982	符合
χ^2	<3	2.124	符合
GFI	>0.90	0.96	符合
AGFI	>0.80	0.92	符合
RMSEA	<0.08	0.068	符合
CFI	>0.90	0.98	符合
PCFI	>0.50	0.65	符合

二、休闲体验量表验证性因子分析

休闲体验量表是透过验证性因子分析来探讨休闲涉入量表测量模型以及整体模式的适配度。而测量模式可以从信度、建构效度来检验（Bagozzi&Yi，1988），并参考修正指标以对变量的参数进行保留或删除本研究量表的题项中 MI 值较大，因此决定予以删除，其余予以保留。

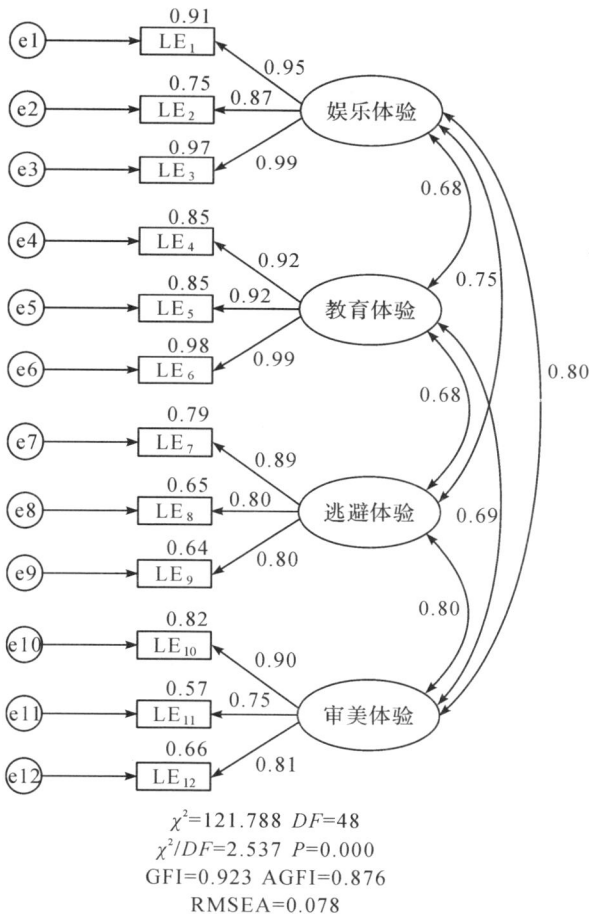

$\chi^2=121.788$ $DF=48$
$\chi^2/DF=2.537$ $P=0.000$
GFI=0.923 AGFI=0.876
RMSEA=0.078

图 4-2　休闲体验验证性因子分析结构

一般测量模型要满足下列几个条件，称为具有收敛效度（Hair et al.，1998；Bagozzi et al.，1981）：

（1）因子负荷量（factor loadings，FL）理想上要大于 0.7，在验证式分析下 0.6～0.7 为可接受范围，探索式研究可以放宽到 0.5。

（2）组成信度（composite reliability，CR）大于 0.7，0.8 以上更为理想，但也不宜过高，如 0.95 以上。

（3）平均变异数抽取量（average variance extracted，AVE）大于 0.5。

（4）多元相关系数的平方（squared multiple coefficient，SMC）大于 0.5。

（一）收敛效度检验

（1）组成信度：本研究的休闲体验中组成信度为 0.86～0.96，表示其内部结构适配的组成信度良好，如表 4-22 所示。

（2）平均变异数抽取量（AVE）：本研究休闲体验的平均变异数抽取量为 0.68 到 0.89，如表 4-22 所示。

（3）本研究的休闲体验量表题项的因子负荷量皆大于 0.50，如表 4-22 所示。

（4）本研究的休闲涉入量表题项的因子负荷量皆大于 0.50，如图 4-2 所示。

表 4-22　观察变量信度及潜在变量组成信度与平均变异数抽取量

潜在变量	观察变量	因子负荷量	组成信度	平均变异数抽取量
娱乐体验	LE_1	0.95	0.96	0.89
	LE_2	0.87		
	LE_3	0.99		
教育体验	LE_4	0.92	0.96	0.89
	LE_5	0.92		
	LE_6	0.99		
逃避体验	LE_7	0.89	0.88	0.69
	LE_8	0.80		
	LE_9	0.80		
审美体验	LE_{10}	0.90	0.87	0.68
	LE_{11}	0.75		
	LE_{12}	0.81		

(二)区别效度

区别效度是指各维度之间所代表的潜在特质存在低度相关或存在显著差异(陈宽裕和王正华,2010;吴明隆,2009)。本研究以 Bootstrap 计算各维度之间 95％信赖区间的相关系数,若信赖区间不包含 1,则具有区别效度(Torkzadeh et al.,2003)。由表 4-23 可知本研究 95％信赖区间的 Bootstrap 相关系数均未包含 1,故本研究模式具区别效度。

表 4-23　相关系数 95％信赖区间

参数	估计值	乖离率修正		百分比法	
		最低值	最高值	最低值	最高值
审美体验↔逃避体验	0.80	0.66	0.89	0.66	0.89
审美体验↔教育体验	0.69	0.56	0.78	0.56	0.78
审美体验↔娱乐体验	0.80	0.66	0.87	0.68	0.88
逃避体验↔教育体验	0.68	0.57	0.77	0.56	0.77
逃避体验↔娱乐体验	0.75	0.64	0.83	0.65	0.84
教育体验↔娱乐体验	0.68	0.58	0.76	0.58	0.76

(三)整体模式配适度检验

本研究参考 Jöreskog et al.(1993)以及吴明隆(2009)所建议,其中七项指标进行整体模式配适度的评鉴,包括 χ^2 检验、χ^2 与其自由度比值、配适指标(GFI)、调整的配适指标(AGFI)、近似均方根误差(RMSEA)、比较配适指标(CFI)以及精简配适指标(PCFI)等,本研究模式 χ^2 与其自由度的比值为 2.537 小于 3;GFI、AGFI、RMSEA、CFI、PCFI 分别为 0.92、0.88、0.078、0.98 和 0.71。显示本研究结果加以修正后,整体相关指标大部分在可接受范围内,如表 4-24 所示。

表 4-24　研究模式的配适度分析

适配指标	可容许标准	模式指标	模式配适判断
χ^2（理想值）	越小越好	121.788	符合
χ^2	<3	2.537	符合
GFI	>0.90	0.92	符合
AGFI	>0.80	0.88	尚佳
RMSEA	<0.08	0.078	符合
CFI	>0.90	0.98	符合
PCFI	>0.50	0.71	符合

三、地方依附量表验证性因子分析

地方依附量表是透过验证性因子分析来探讨地方依附量表测量模型以及整体模式的适配度。而测量模式可以从信度、建构效度来检验（Bagozzi & Yi，1988），并参考修正指标以对变量的参数进行保留或删除，经研究 PA_1 与 PA_2 相间具有关联，加入共变双箭头，结构模式各项统计量均达适配指标。

一般测量模型要满足下列几个条件，称为具有收敛效度（Hair et al.，1998；Bagozzi et al.，1981）：

（1）因子负荷量（factor loadings，FL）理想上要大于 0.7，在验证式分析下 0.6～0.7 为可接受范围，探索式研究可以放宽到 0.5。

（2）组成信度（composite reliability，CR）大于 0.7，0.8 以上更为理想，但也不宜过高，如 0.95 以上。

（3）平均变异数抽取量（average variance extracted，AVE）大于 0.5。

（4）多元相关系数的平方（squared multiple coefficient，SMC）大于 0.5。

（一）收敛效度检验

（1）组成信度：本研究的地方依附量表中组成信度为 0.90～0.95，表示其内部结构适配的组成信度良好，如表 4-3 所示。

（2）平均变异数抽取量（AVE）：本研究的地方依附平均变异数抽取量为

0.69～0.79,如表 4-25 所示。

（3）本研究的地方依附量表题项的因子负荷量皆大于 0.50,如表 4-25 所示。

（4）本研究的地方依附量表题项的因子负荷量皆大于 0.50,如图 4-3 所示。

表 4-25　观察变量信度及潜在变量组成信度与平均变异数抽取量

潜在变量	观察变量	因子负荷量	组成信度	平均变异数抽取量
地方依赖	PA$_1$	0.87	0.90	0.69
	PA$_2$	0.84		
	PA$_3$	0.76		
	PA$_4$	0.84		
地方认同	PA$_5$	0.80	0.95	0.79
	PA$_6$	0.92		
	PA$_7$	0.95		
	PA$_8$	0.92		
	PA$_9$	0.83		

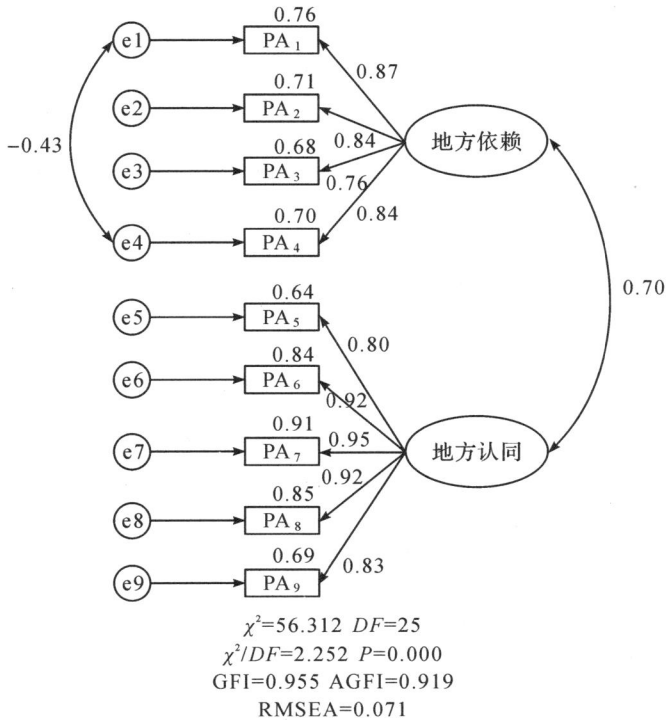

χ^2=56.312 DF=25
χ^2/DF=2.252 P=0.000
GFI=0.955 AGFI=0.919
RMSEA=0.071

图 4-3　地方依附验证性因子分析结构

（二）区别效度

区别效度是指各维度之间所代表的潜在特质存在低度相关或存在显著差异（陈宽裕和王正华，2010；吴明隆，2009）。本研究以 Bootstrap 计算各维度之间 95％信赖区间的相关系数，若信赖区间不包含 1，则具有区别效度（Torkzadeh et al.，2003）。由表 4-4 可知本研究 95％信赖区间的 Bootstrap 相关系数均未包含 1，故本研究模式具区别效度。

表 4-26　相关系数 95％信赖区间

参数	估计值	乖离率修正		百分比法	
		最低值	最高值	最低值	最高值
地方依赖↔地方认同	0.70	0.61	0.77	0.62	0.77

（三）整体模式配适度检验

本研究参考 Jöreskog et al.（1993）以及吴明隆（2009）所建议，其中七项指标进行整体模式配适度的评鉴，包括 χ^2 检验、χ^2 与其自由度比值、配适指标（GFI）、调整的配适指标（AGFI）、近似均方根误差（RMSEA）、比较配适指标（CFI）以及精简配适指标（PCFI）等，本研究模式 χ^2 与其自由度的比值为 1.92 小于 3；GFI、AGFI、RMSEA、CFI、PCFI 分别为 0.96、0.92、0.071、0.98 和 0.68。显示本研究结果加以修正后，整体相关指标大部分在可接受范围内，如表 4-27 所示。

表 4-27　研究模式的配适度分析

适配指标	可容许标准	模式指标	模式配适判断
χ^2（理想值）	越小越好	56.312	符合
χ^2	＜3	2.252	符合
GFI	＞0.90	0.96	符合
AGFI	＞0.80	0.92	符合
RMSEA	＜0.08	0.071	符合
CFI	＞0.90	0.98	符合
PCFI	＞0.50	0.68	符合

四、环境负责任行为量表验证性因子分析

环境负责任行为量表是透过验证性因子分析来探讨环境负责任行为量表测量模型以及整体模式的适配度。而测量模式可以从信度、建构效度来检验（Bagozzi & Yi，1988），并参考修正指标以对变量的参数进行保留或删除，经研究 ERB_3 与 ERB_4 相间具有关联，加入共变双箭头，结构模式各项统计量均达适配指标。

一般测量模型要满足下列几个条件，称为具有收敛效度（Hair et al.，1998；Bagozzi et al.，1981）：

（1）因子负荷量（factor loadings，FL）理想上要大于 0.7，在验证式分析下 0.6～0.7 为可接受范围，探索式研究可以放宽到 0.5。

（2）组成信度（composite reliability，CR）大于 0.7，0.8 以上更为理想，但也不宜过高，如 0.95 以上。

（3）平均变异数抽取量（average variance extracted，AVE）大于 0.5。

（4）多元相关系数的平方（squared multiple coefficient，SMC）大于 0.5。

（一）收敛效度检验

（1）组成信度：本研究的环境负责任行为量表中组成信度为 0.78～0.90，表示其内部结构适配的组成信度良好，如表 4-28 所示。

（2）平均变异数抽取量（AVE）：本研究的环境负责任行为的平均变异数抽取量为 0.54～0.69，如表 4-28 所示。

（3）本研究环境负责任行为量表题项的因子负荷量皆大于 0.50，如表 4-28 所示。

（4）本研究的环境负责任行为量表题项的因子负荷量皆大于 0.50，如图4-4 所示。

表 4-28　观察变量信度及潜在变量组成信度与平均变异数抽取量

潜在变量	观察变量	因子负荷量	组成信度	平均变异数抽取量
一般环境行为	REB_1	0.85	0.90	0.69
	REB_2	0.90		
	REB_3	0.79		
	REB_4	0.78		
特殊环境行为	REB_5	0.80	0.78	0.54
	REB_6	0.74		
	REB_7	0.66		

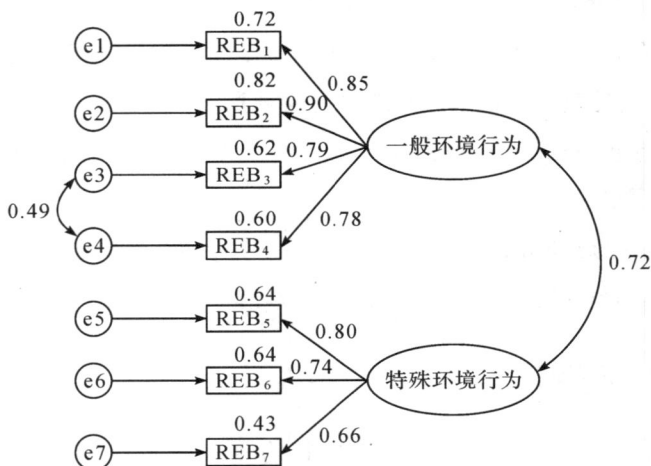

$\chi^2=24.068\ DF=12$
$\chi^2/DF=2.006\ P=0.020$
GFI=0.974 AGFI=0.939
RMSEA=0.63

图 4-4　环境负责任行为验证性因子分析结构

(二)区别效度

区别效度是指各维度之间所代表的潜在特质存在低度相关或存在显著差异(陈宽裕和王正华,2010;吴明隆,2009)。本研究以 Bootstrap 计算各维度之间 95％信赖区间的相关系数,若信赖区间不包含 1,则具有区别效度(Torkzadeh et al.,2003)。由表 4-4 可知本研究 95％信赖区间的 Bootstrap 相关系数均未包含 1,故本研究模式具区别效度。

表 4-29　相关系数 95％信赖区间

参数	估计值	乖离率修正		百分比法	
		最低值	最高值	最低值	最高值
一般环境行为↔特殊环境行为	0.72	0.598	0.820	0.609	0.828

（三）整体模式配适度检验

本研究参考 Jöreskog et al.(1993)以及吴明隆（2009）所建议，其中七项指标进行整体模式配适度的评鉴，包括 χ^2 检验、χ^2 与其自由度比值、配适指标（GFI）、调整的配适指标（AGFI）、近似均方根误差（RMSEA）、比较配适指标（CFI）以及精简配适指标（PCFI）等，本研究模式 χ^2 与其自由度的比值为 1.92 小于 3；GFI、AGFI、RMSEA、CFI、PCFI 分别为 0.974、0.939、0.063、0.988 和 0.565。显示本研究结果加以修正后，整体相关指标大部分在可接受范围内，如表 4-30 所示。

表 4-30　研究模式的配适度分析

适配指标	可容许标准	模式指标	模式配适判断
χ^2（理想值）	越小越好	24.068	符合
χ^2	＜3	2.006	符合
GFI	＞0.90	0.974	符合
AGFI	＞0.80	0.939	符合
RMSEA	＜0.08	0.063	符合
CFI	＞0.90	0.988	符合
PCFI	＞0.50	0.565	符合

第四节　茶文化农家乐不同背景游客的休闲涉入、休闲体验、地方依附与环境负责任行为的差异分析

本节为探讨参加茶文化农家乐休闲旅游不同背景变量在休闲涉入、休闲体

验、地方依附与环境负责任行为上的差异情形,检验各层面是否同质性,同质层面则以单因子变异数分析检验,若分析结果 F 值达到统计上显著水平,再以 Scheffe 进行事后比较;不同质者则以独立样本 t 检验,两两比较不同组别在不同层面上是否有差异,差异分析分述如下。

一、不同游玩次数游客的休闲涉入各维度差异分析

从表 4-31 的分析摘要内容,各层面均为方差齐性,差异情形如下:可得知不同游玩次数的游客的进行茶文化农家乐休闲旅游时在吸引力、中心性和整体休闲涉入有差异,经事后比较,游玩 5 次以上的游客的在吸引力、中心性及整体休闲涉入要比 1 次及 2～3 次的游客的显著要高。

表 4-31　不同游玩次数游客的休闲涉入各维度差异情形

维度	组别	游玩次数	平均数	标准差	F 值	事后比较
吸引力	1	1 次*	4.8354	1.19038	4.303*	4>1,2
	2	2～3 次*	4.8622	1.05280		
	3	4～5 次	5.1282	1.13950		
	4	5 次以上*	5.4143	1.04247		
自我表现	1	1 次	5.0288	0.95626	1.960	
	2	2～3 次	5.0444	0.99900		
	3	4～5 次	5.4487	1.19235		
	4	5 次以上	5.3524	1.31127		
中心性	1	1 次*	4.9383	1.09559	3.731*	4>1,2
	2	2～3 次*	5.1422	0.99575		
	3	4～5 次	5.2949	1.21226		
	4	5 次以上*	5.5143	1.08077		
休闲涉入	1	1 次*	4.9342	0.98660	3.725*	4>1,2
	2	2～3 次*	5.0163	0.91181		
	3	4～5 次	5.2906	1.08824		
	4	5 次以上*	5.4270	1.03086		

注: * 表示 $P < 0.05$。

二、不同年龄游客的地方依附各维度差异分析

从表 4-32 的分析摘要内容，地方认同为方差齐性，差异情形如下表：可得知不同年龄的游客进行茶文化农家乐休闲旅游时在地方认同有差异，经事后比较，18～24 岁与 55 岁及以上的游客在地方认同要比其余的游客显著要高。

表 4-32　不同年龄游客的地方依附各维度差异情形

维度	组别	游玩次数	平均数	标准差	F 值	事后比较
地方依赖	1	18～24 岁	5.3790	0.97218	1.009	
	2	25～34 岁	5.2706	0.93080		
	3	35～44 岁	5.2697	1.30537		
	4	45～54 岁	5.2955	0.98994		
	5	55 岁以上	5.8393	1.17509		
地方认同	1	18～24 岁*	4.5849	1.31884	2.707	1>3 5>3
	2	25～34 岁	4.2047	1.27913		
	3	35～44 岁*	3.8474	1.56200		
	4	45～54 岁	4.1455	1.71734		
	5	55 岁以上*	4.8286	1.12553		
地方依附	1	18～24 岁	4.9820	1.01942	1.991	无区别
	22	25～34 岁	4.7376	0.97635		
	33	35～44 岁	4.5586	1.35779		
	44	45～54 岁	4.7205	1.30714		
	55	55 岁及以上	5.3339	1.05837		

注：* 表示 $P<0.05$。

三、不同教育层次游客的地方依附各维度差异分析

从表 4-33 的分析摘要内容，地方认同、地方依赖以及整体地方依附为方差齐性，差异情形如下表：可得知不同教育层次的游客进行茶文化农家乐休闲旅游时在的地方依赖、地方认同和整体地方依附有差异，经事后比较，学历高中或中专的游客在地方依赖、地方认同及整体地方依附要比专科、本科、硕士及以上的游客显著要高。学历初中的游客在地方认同及整体地方依附要比专科、本

科、硕士及以上的游客显著要高。

表 4-33 不同教育层次游客的地方依附各维度差异情形

维度	组别	游玩次数	平均数	标准差	F 值	事后比较
地方依赖	1	小学或以下	5.3333	1.01036	1.527	3>5,6
	2	初中	6.3750	0.88388		
	3	高中或中专*	6.1667	0.70119		
	4	专科	5.3971	0.99544		
	5	本科*	5.2472	1.05760		
	6	硕士及以上*	5.2059	1.07392		
地方认同	1	小学或以下	5.0000	1.05830	3.662	2>4,5,6 3>4,5,6
	2	初中*	6.7000	0.42426		
	3	高中或中专	5.6000	1.23935		
	4	专科*	4.4655	1.30374		
	5	本科*	4.0977	1.39160		
	6	硕士及以上*	3.9647	1.49461		
地方依附	1	小学或以下	5.1667	0.94086	3.148	2>4,5,6 3>4,5,6
	2	初中*	6.5375	0.65407		
	3	高中或中专*	5.8833	0.96277		
	4	专科*	4.9313	1.02851		
	5	本科*	4.6724	1.12705		
	6	硕士及以上*	4.5853	1.14670		

注：* 表示 $P<0.05$。

四、不同居住区游客的环境负责任行为各维度差异分析

从表 4-34 的分析摘要内容，可得知不同居住区的游客进行茶文化农家乐休闲旅游时在整体环境负责任行为、一般环境行为及特殊环境行为有差异，经事后比较，上城区、下城区及西湖区游客在一般环境行为上要比江干区及萧山区的游客显著要高。上城区、西湖区及滨江区的特殊环境行为比拱墅区的游客显著要高。西湖区及滨江区比余杭区游客环境负责任行为显著要高。上城区

及西湖区的游客比拱墅区、江干区及萧山区的环境负责任行为显著要高。

表 4-34　不同居住区游客的环境负责任行为各维度差异情形

维度	组别	游玩次数	平均数	标准差	F 值	事后比较
一般环境行为	1	上城区*	5.5946	1.21814	2.346	1＞4,8 2＞4,8 5＞4,8
	2	下城区*	5.7647	1.00184		
	3	拱墅区	5.1250	1.27148		
	4	江干区*	5.0192	1.14044		
	5	西湖区	5.7500	0.98494		
	6	余杭区	5.6607	1.07241		
	7	滨江区	5.3824	0.98472		
	8	萧山区*	5.0545	1.22540		
	9	富阳区	5.4250	0.92833		
特殊环境行为	1	上城区*	5.7568	0.89114	1.845	1＞3 5＞3,6 7＞3,6
	2	下城区	5.6667	1.04083		
	3	拱墅区*	5.0417	1.23453		
	4	江干区	5.4701	0.89742		
	5	西湖区*	5.8440	0.83072		
	6	余杭区	5.1667	1.17488		
	7	滨江区*	5.9020	0.77964		
	8	萧山区	5.5030	1.13832		
	9	富阳区	5.4333	0.91692		
环境负责任行为	1	上城区*	5.6757	0.93990	2.027	1＞3,4,8 5＞3,4,8
	2	下城区	5.7157	0.84062		
	3	拱墅区*	5.0833	1.22210		
	4	江干区*	5.2447	0.89647		
	5	西湖区	5.7970	0.83363		
	6	余杭区	5.4137	1.05440		
	7	滨江区	5.6422	0.68292		
	8	萧山区*	5.2788	1.06510		
	9	富阳区	5.4292	0.84118		

注：* 表示 $P < 0.05$。

第五节　茶文化农家乐休闲旅游整体路径分析

结构方程建模通常涉及多个潜变量,每个潜变量又包含数个甚至数十个观测指标。随着指标数的增加,模型复杂程度和所需样本量也随之增加。在不少情况下,样本量的收集并非易事,模型太复杂也不利于建立潜变量之间的关系,因此研究者常使用项目打包法(Item Parceling)将数个指标加总或加总平均后作为新指标然后再建模。据 Bandalos & Finney(2001)统计,有近 20% 的 SEM 研究采用不同形式的打包策略进行建模。

与单个指标相比,项目包/项目组合在很多方面存在显而易见的优势。这些优点包括:更高的信度(Cattell & Burdsal, 1975;Kishton & Widaman, 1994)、高共同度(Little et al., 2002)、资料分布形态更接近正态(Bagozzi & Heatherton, 1994)、更易收敛(Marsh et al., 1998;Yuan & Bentler, 1998)以及更好的模型拟合(Rogers & Schmitt, 2004)。

通常,在项目包水平上建模所获得的拟合结果要优于在指标水平上的结果(Bandalos, 2002;Holbert & Stephenson, 2002),类似的现象也出现在探索性因子分析中。这主要是由于打包可以提高指标的心理测量学特性,进而提高模型拟合(Little et al., 2002)。具体来说,首先,打包可以降低误差,提高共同度。题目打包时部分测量误差互相抵消,新指标的测量误差变小了,公因子在观测分数中所占的比重提高了,即提高了共同度(Matsunaga et al., 2008)。其次,纠正资料分布形态。打包可以使原本偏态的资料分布得以纠正(Bandalos, 2002;Bandalos & Finney, 2001;Little et al., 2002;Hau & Marsh, 2004),使其更符合模型假设——多元正态分布,进而提高模型拟合。

一般来说,打包的过程包括如下四个步骤(吴艳和温忠麟 2011;Matsunaga et al., 2008):

第一步,确定研究目的。由于打包存在掩盖模型潜在结构的可能性,所以在测量模型建模时不宜使用。而在结构建模时符合打包条件的情况下可以使用。

第二步,检查量表(或子量表)的单维性。单维度和同质性是打包的前提,必须满足了单维性才能考虑使用打包,否则将导致参数估计偏差(Bandalos,2002;Kim & Hagtvet,2003;West et al.,1995)。

第三步,决定使用打包法,选择合适的打包策略及指标数量。究竟打几个包要综合考虑指标的数量和模型的复杂性。研究发现,打成 3 个包的拟合情况比 4 个、6 个要好,也比直接使用原始题目要好(Bandalos,2002;Rogers & Schmitt,2004),但打成一个包可能存在模型识别的问题。

第四步,报告打包的详情信息,包括过程、策略及合成指标的数量。具体来说,打包流程图上的每个环节都应报告。因为不同的打包法,是否满足单维性的前提都会对结果产生影响。

本研究将数据通过 SPSS21.0 进行正态分布检验,发现绝大多数的题项 SK 小于 0,呈负偏态分布,因此考虑使用内部一致性法(internal-consistency approach),也称作独立打包法(isolated parceling),是把同一因子下的题目打包,强调各小组内题目的一致性,其实质是让组内差异最小。

一、茶文化农农乐游客休闲涉入、休闲体验、地方依附与环境负责任行为量表验证性因子分析

本研究采用打包法,将休闲涉入、休闲体验、地方依附与环境负责任行为量表中的各维度题项,经过探索性因子与验证性因子分析后确定的因子,再经过 SPSS 计算平均值,其中休闲涉入维度包含 3 个侧面小因子(吸引力、自我表现、中心性),每个小因子又分别包含了若干个条目,然后将每个小因子的若干个条目分别加总求平均值,生成三个新的测量变量。同理,休闲体验生成五个测量变量,地方依附生成两个测量变量,环境负责任行为也生成两个测量变量。同样测量模式可以从信度、建构效度来检验(Bagozzi & Yi,1988),并参考修正指标对其进行修正。详情如图 4-5 所示。

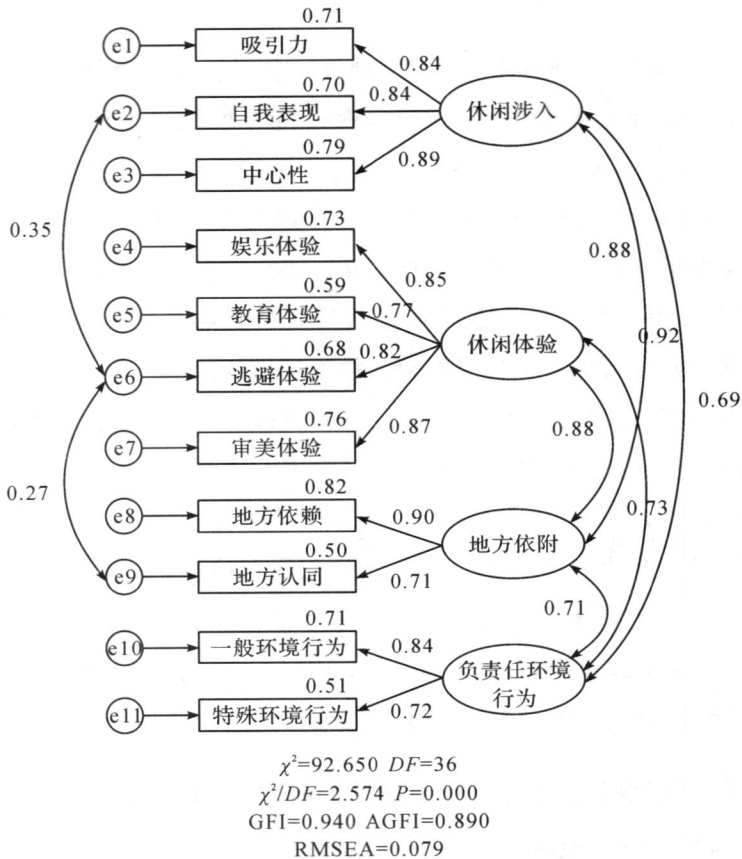

χ^2=92.650 *DF*=36
χ^2/DF=2.574 *P*=0.000
GFI=0.940 AGFI=0.890
RMSEA=0.079

图 4-5　休闲涉入、休闲体验、地方依附与环境负责任行为验证性因子分析结构

一般测量模型要满足下列几个条件,称为具有收敛效度(Hair et al.,1998;Bagozzi et al.,1981):

(1)因子负荷量(factor loadings,FL)理想上要大于 0.7,在验证式分析下 0.6～0.7 为可接受范围,探索式研究可以放宽到 0.5。

(2)组成信度(composite reliability,CR)大于 0.7,0.8 以上更为理想,但也不宜过高,如 0.95 以上。

(3)平均变异数抽取量(average variance extracted,AVE)大于 0.5。

(4)多元相关系数的平方(squared multiple coefficient,SMC)大于 0.5。

(一)收敛效度检验

(1)组成信度:在本研究的整体模型量表中变量组成信度为 0.77~0.89,表示其内部结构适配的组成信度良好,如表 4-35 所示。

(2)平均变异数抽取量(average variance extracted,AVE):在本研究的整体模型量表中平均变异数抽取量为 0.63~0.74,如表 4-35 所示。

(3)平均变异数抽取量(average variance extracted,AVE)大于 0.5。

(4)多元相关系数的平方(squared multiple coefficient,SMC)大于 0.5。

表 4-35 观察变量信度及潜在变量组成信度与平均变异数抽取量

潜在变量	观察变量	因子负荷量	组成信度	平均变异数抽取量
休闲涉入	吸引力	0.84	0.89	0.74
	自我表现	0.84		
	中心性	0.89		
休闲体验	娱乐体验	0.85	0.90	0.69
	教育体验	0.77		
	逃避体验	0.82		
	审美体验	0.87		
地方依附	地方依赖	0.90	0.79	0.66
	地方认同	0.71		
环境负责任行为	一般环境行为	0.84	0.77	0.63
	特殊环境行为	0.74		

(二)区别效度

区别效度是指各维度之间所代表的潜在特质存在低度相关或显著差异(陈宽裕和王正华,2010;吴明隆,2009)。本研究以 Bootstrap 计算各维度之间95%信赖区间的相关系数,若信赖区间不包含 1,则具有区别效度(Torkzadeh et al.,2003)。由表 4-4 可知本研究 95%信赖区间的 bootstrap 相关系数均未包含 1,故本研究模式具有区别效度。

表 4-36　相关系数 95% 信赖区间

参数	估计值	乖离率修正		百分比法	
		最低值	最高值	最低值	最高值
休闲体验↔地方依附	0.88	0.82	0.94	0.81	0.94
地方依附↔环境负责任行为	0.71	0.60	0.82	0.59	0.81
休闲涉入↔休闲体验	0.88	0.83	0.92	0.83	0.93
休闲涉入↔地方依附	0.92	0.85	0.98	0.85	0.98
休闲体验↔环境负责任行为	0.73	0.59.	0.85	0.59	0.85
休闲涉入↔环境负责任行为	0.69	0.57	0.79	0.57	0.79

(三)整体模式配适度检验

本研究参考 Jöreskog et al.(1993)和吴明隆(2009)的建议,对七项指标进行整体模式配适度的评鉴,包括 χ^2 检验、χ^2 与其自由度比值、配适指标(GFI)、调整的配适指标(AGFI)、近似均方根误差(RMSEA)、比较配适指标(CFI)以及精简配适指标(PCFI)等,本研究模式 χ^2 与其自由度的比值为 2.57,小于 3;GFI、AGFI、RMSEA、CFI、PCFI 分别为 0.940、0.890、0.079、0.972 和 0.636。显示本研究结果加以修正后,整体相关指标大部分在可接受范围内,如表 4-37 所示。

表 4-37　研究模式的配适度分析

适配指标	可容许标准	模式指标	模式配适判断
χ^2(理想值)	越小越好	92.650	符合
χ^2	<3	2.574	符合
GFI	>0.90	0.940	符合
AGFI	>0.80	0.890	尚佳
RMSEA	<0.08	0.079	符合
CFI	>0.90	0.972	符合
PCFI	>0.50	0.636	符合

本研究依据 Anderson & Gerbing(1988)的两阶段方法(two-step approach)建议,先进行验证性因子分析(CFA)以评鉴衡量模式的适配度后,再进行因果模式的关系分析,本节将针对本研究的整体结构关系模式进行分析。由表 4-38 可知,本研究四个潜在变量的相关关系介于 0.553~0.784,均达到 0.05

显著水平,相关系数值均为正数,表示四个潜变量彼此间呈中度显著正相关,其中休闲涉入与休闲体验和地方依附的相关较为密切,相关系数分别为 0.784、0.765。

表 4-38　休闲涉入、休闲体验、地方依附与环境负责任行为的相关矩阵摘要

变量	休闲涉入	休闲体验	地方依附	环境负责任行为
休闲涉入				
休闲体验	0.784**			
地方依附	0.765**	0.735**		
环境负责任行为	0.553**	0.607**	0.568**	

注:** $P<0.001$。

依据研究目的与研究假设,确定理论模式的路径,理论模式共计涵盖 11 个观察因变量、4 个观察自变量、11 个观察因变量的误差项、4 个观察自变量的误差项。如图 4-6 所示,本研究依此进行理论模式的验证。从表 4-39 可知,初始模式整体适配度评鉴的结果显示,诸多适配测量指标的评鉴结果部分未达到尚佳水平,因此,可能拒绝此理论模式。为此,必须同时考察其他适配量测指标的评价结果。整体模式适配度评价的结果显示,理论模式与观察资料之间具有可接受的一致性。

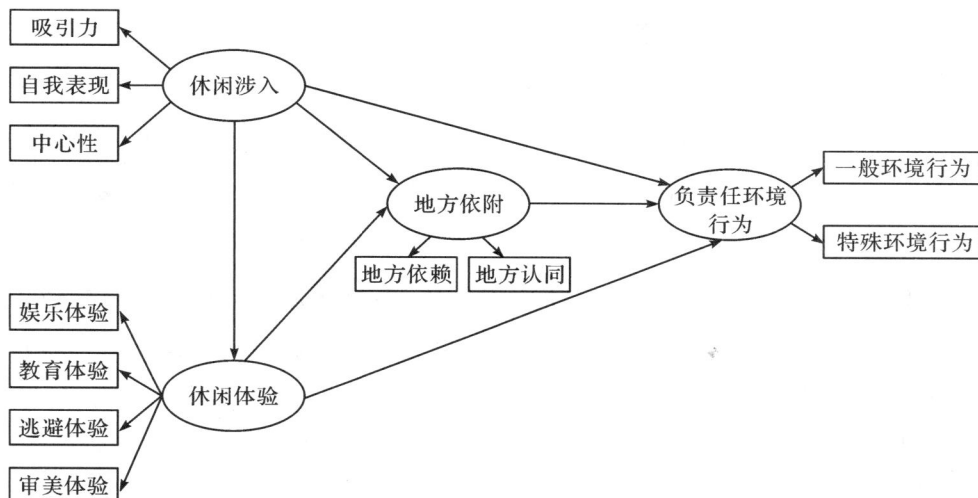

图 4-6　初始假设模型

　　本研究依据修正指标的建议,逐次释放若干合乎理论假定的参数估计,依序设定 e8 与 e9、e14 与 e15、e16 与 e17、e5 与 e8 的误差项之间存在共变异。借此,整体模式经过了四次修正,模型可以辨识收敛,在非标准化估计模型中没有出现负的标准误差,表示模型估计的参数没有不适当的解值。修正后的整体模型配适度统计量如下:$\chi^2/DF=2.85(\chi^2=96.906,DF=34,P=0.00)$,GFI$=0.94$,AGFI$=0.88$,CFI$=0.97$,RMSEA$=0.086$,Hair et al. (1998)提到适配度指标与参考标准值,渐近误差均方根(RMSEA)<0.05,模式适配度优;$0.05\sim0.8$,模式适配度良好;$0.8\sim1.0$,模式适配度尚可。表 4-39 中数值指标显示,样本资料与假设模型两者之间的配适性,已达可接受的标准,本研究建构的模式可用来解释实际的观察资料。

表 4-39　研究模式的配适度分析

适配指标	可容许标准	原始模型	模型修正指标	模式配适判断
χ^2(理想值)	越小越好	131.475	96.906	符合
χ^2	<3	3.460	2.850	符合
GFI	>0.90	0.915	0.940	符合
AGFI	>0.80	0.853	0.880	尚佳
RMSEA	<0.08	0.099	0.086	尚佳
CFI	>0.90	0.954	0.970	符合
PCFI	>0.50	0.659	0.599	符合

　　在结构方程模式的样本估计与模式图中,休闲涉入、休闲体验、地方依附与环境负责任行为模式(结构方程模式)的样本估计数据与内容,如图 4-7 所示,休闲涉入对休闲体验与地方依附的路径系数分别为 0.89 和 0.55,休闲体验对地方依附的路径系数为 0.43,地方依附对环境负责任行为的路径系数为 0.51,休闲涉入对环境负责任行为的路径系数为 0.06,休闲体验对环境负责任行为的路径系数为 0.18,除了休闲涉入对环境负责任行为以及休闲体验对环境负责任行为两条路径系数不达标,其余所有路径系数皆达统计上的显著水平,亦即休闲涉入对地方依附、休闲涉入对休闲体验具有显著的直接正向影响效果,休闲体验对地方依附具有直接正向影响效果,地方依附对环境负责任行为具有显著的直接正向影响效果。因此,本研究的假设 1、假设 2、假设 3 和假设 6 皆

获得支持(见表 4-40)。

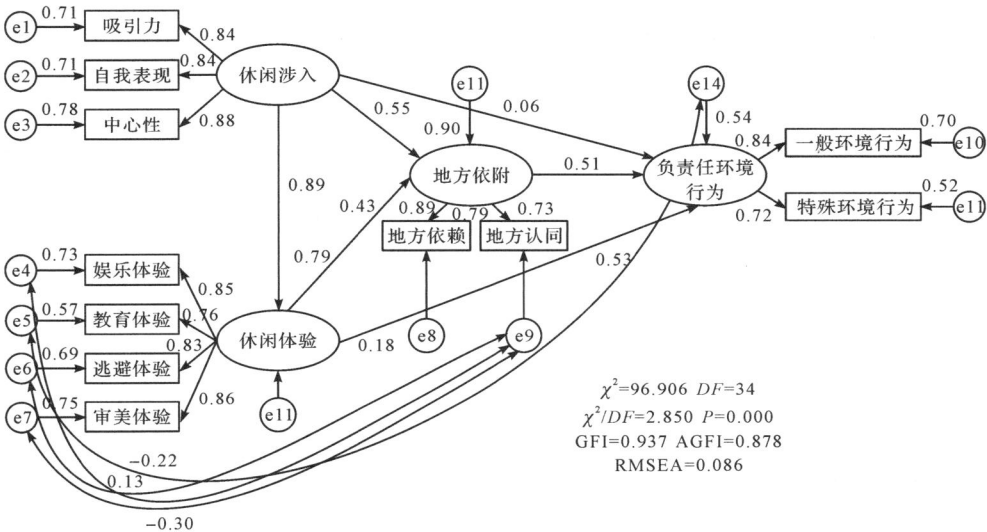

图 4-7　休闲涉入、休闲体验、地方依附与环境负责任行为修正后假设模型

表 4-40　整体结构模型路径分析

路径	路径系数	假设成立
H1:休闲体验←休闲涉入	0.89*	成立
H2:地方依附←休闲涉入	0.55*	成立
H3:地方依附←休闲体验	0.43*	成立
H4:环境负责任行为←休闲涉入	0.06	不成立
H5:环境负责任行为←休闲体验	0.18	不成立
H6:环境负责任行为←地方依附	0.51*	成立

注:* 表示 $P<0.5$。

二、茶文化农家乐游客休闲涉入、休闲体验、地方依附与环境负责任行为的关系分析

在皮尔逊相关分析中,相关程度高低的判断标准依据朱经明(2007)标准(如表 4-41 所示),即本研究将参考朱经明的标准予以检验四个维度两两相关情形。

表 4-41　相关程度分析标准

相关系数高低标准	判断结果
$R>0.80$	非常高相关
$R=0.61\sim0.80$	高相关
$R=0.41\sim0.60$	中等相关
$R=0.21\sim0.40$	低相关
$R<0.20$	非常低相关

（一）茶文化农家乐游客休闲涉入与休闲体验行为相关分析

由表 4-42 可知，整体休闲涉入与整体休闲体验的相关系数为 0.784（$P<0.001$）；且休闲涉入与休闲体验的各层面之间的相关系数亦均达到中度或高度显著正相关（$R=0.500\sim0.707$）。这表示休闲涉入程度越深休闲体验越佳，反之亦然。其中以自我表现为特征的休闲涉入对休闲体验有较强的相关关系，同样，自我表现与逃避体验的相关关系最强，而休闲涉入各层面与教育体验的相关关系则稍微弱一点。因此，假设 H1 及全部子假设获得支持。

表 4-42　茶文化农家乐游客休闲涉入与休闲体验相关系数摘要

相关维度	吸引力	自我表现	中心性	休闲涉入
娱乐体验	0.647***	0.663***	0.705***	0.741***
教育体验	0.511***	0.500***	0.555***	0.576***
逃避体验	0.619***	0.717***	0.639***	0.727***
审美体验	0.598***	0.630***	0.707***	0.711***
休闲体验	0.676***	0.715***	0.741***	0.784***

注：*** 表示 $P<0.001$。

（二）茶文化农家乐游客休闲涉入与地方依附相关分析

由表 4-43 可知，整体休闲涉入与整体地方依附的相关系数为 0.765（$P<0.001$）；且休闲涉入与休闲体验的各层面之间的相关系数亦均达到中度或高度显著正相关（$R=0.559\sim0.723$）。这表示休闲涉入程度越深地方依附越强，反

之亦然。其中以吸引力为特征的休闲涉入对地方依附有较强的相关关系,同样在中心性与地方依赖的相关性最强,而休闲涉入各层面与地方认同的相关关系则稍微弱一点。因此,假设 H2 及全部子假设可获得支持。

表 4-43　茶文化农家乐游客休闲涉入与地方依附相关系数摘要

相关维度	吸引力	自我表现	中心性	休闲涉入
地方依赖	0.701***	0.712***	0.723***	0.786***
地方认同	0.578***	0.569***	0.559***	0.628***
地方依附	0.694***	0.693***	0.692***	0.765***

注:*** 表示 $P<0.001$。

(三)茶文化农家乐游客休闲体验与地方依附相关分析

由表 4-44 可知,整体休闲体验与地方依附的相关系数为 0.735($P<0.001$);且休闲体验与地方依附的各层面之间的相关系数部分达到中度或高度显著正相关($R=0.495\sim0.757$)。这表示整体休闲体验程度越深地方依附越强,反之亦然。其中以逃避体验为特征的休闲体验对地方依附有较强的相关关系,同样,审美体验与地方依赖的相关关系最强,而休闲体验各层面与地方认同的相关关系则稍弱一点。因此,假设 H3 及全部子假设可获得支持。

表 4-44　茶文化农家乐游客休闲体验与地方依附相关系数摘要

相关维度	娱乐体验	教育体验	逃避体验	审美体验	休闲体验
地方依赖	0.678***	0.576***	0.680***	0.725***	0.757***
地方认同	0.495***	0.499***	0.619***	0.486***	0.602***
地方依附	0.630***	0.585***	0.710***	0.647***	0.735***

注:*** 表示 $P<0.001$。

(四)茶文化农家乐游客休闲涉入与环境负责任行为相关分析

由表 4-45 可知,整体休闲涉入与环境负责任行为的相关系数为 0.553($P<0.001$);且休闲涉入与休闲体验的各层面之间的相关系数部分达到中度显著正相关($R=0.290\sim0.564$)。这表示整体休闲涉入程度越深环境负责任行为越强,反之亦然。其中以吸引力为特征的休闲涉入对环境负责任行为有较强的相关关系,同样,吸引力与一般环境行为的相关关系最强,而休闲涉入各层

面与特殊环境行为的相关关系则稍弱一点。因此,假设 H4 及全部子假设可获得支持。

表 4-45 茶文化农家乐游客休闲涉入与环境负责任行为相关系数摘要

相关维度	吸引力	自我表现	中心性	休闲涉入
一般环境行为	0.553***	0.441***	0.539***	0.564***
特殊环境行为	0.450***	0.290***	0.390***	0.417***
环境负责任行为	0.564***	0.414***	0.524***	0.553***

注:*** 表示 $P<0.001$。

(五)茶文化农家乐游客休闲体验与环境负责任行为相关分析

由表 4-46 可知,整体休闲涉入与环境负责任行为的相关系数为 0.607 ($P<0.001$);且休闲体验与休闲体验的各层面之间的相关系数部分达到中度显著正相关($R=0.403\sim0.585$)。这表示整体休闲体验程度越深环境负责任行为越强,反之亦然。其中以审美体验为特征的休闲体验对环境负责任行为有较强的相关关系,同样,审美体验与一般特殊环境行为的相关关系最强,而休闲体验各层面与特殊环境行为的相关关系则稍弱一点。因此,假设 H5 及全部子假设可获得支持。

表 4-46 参加茶文化农家乐休闲旅游的游客休闲体验与环境负责任行为相关系数摘要

相关维度	娱乐体验	教育体验	逃避体验	审美体验	休闲体验
一般环境行为	0.497***	0.515***	0.440***	0.552***	0.573***
特殊环境行为	0.403***	0.477***	0.409***	0.491***	0.510***
环境负责任行为	0.506***	0.556***	0.475***	0.585***	0.607***

注:*** 表示 $P<0.001$。

(六)茶文化农家乐游客地方依附与环境负责任行为相关分析

由表 4-47 可知,整体休闲涉入与环境负责任行为的相关系数为 0.568 ($P<0.001$);且地方依附与环境负责任行为的各层面之间的相关系数部分达到中度显著正相关($R=0.416\sim0.568$)。这表示整体休闲体验程度越深环境负责任行为越强,反之亦然。其中以地方依赖为特征的地方依附对环境负责任行为有较强的相关关系,同样,地方依赖与一般特殊环境行为的相关关系最强,而地方依附各层面与特殊环境行为的相关关系则弱一点。因此,假设 H6 及全部子假设可获得支持。

表 4-47　参加茶文化农家乐的游客地方依附与环境负责任行为相关系数摘要

相关维度	地方依赖	地方认同	地方依附
一般环境行为	0.514***	0.470***	0.537***
特殊环境行为	0.454***	0.416***	0.476***
环境负责任行为	0.543***	0.497***	0.568***

注：*** 表示 $P<0.001$。

三、茶文化农家乐游客休闲涉入、休闲体验、地方依附对环境负责任行为联合预测力分析

本部分探讨茶文化农家乐游客休闲涉入、休闲体验、地方依附对环境负责任行为的联合预测力，以休闲涉入的三个层面（吸引力、自我表现、中心性）、休闲体验的四个层面（娱乐体验、教育体验、逃避体验、审美体验）、地方依附的两个层面（地方依赖、地方认同）对环境负责任行为的两个层面（一般责任行为、特殊环境行为）以逐步回归进行联合预测力分析，以验证研究假设：茶文化农家乐游客休闲涉入、休闲体验、地方依附对环境负责任行为有显著预测力是否成立？本部分采逐步回归方式，休闲涉入、休闲体验、地方依附各层面对整体环境负责任行为的预测，先行检验是否为线性回归，再行了解预测力的层面。

由表 4-48 可知，本回归模式具有显著的线性意义。表 4-49 中 R^2 为决定系数，开方后可为 multiple R，为自变量和因变量多元相关，R^2 反映了由自变量和因变量所形成的线性回归模式的契合度，multiple R^2 在简单回归时等于相关系数，在多元回归分析中，才真正反映多个自变量和一个因变量的多元相关关系。而校正后的 R^2（Adjusted R^2）可以减轻因为样本估计带来的 R^2 膨胀效果（邱皓政，2000）。由表 4-49 可知，在三个潜在变量的各层面，预测力达显著水平者分别为 LE_1（审美体验）、LI_1（吸引力）、LE_2（教育体验）、PA_2（地方认同）、LI_2（自我表现），其投入变量联合解释变异量为 0.474，可解释整体休闲涉入的总变异量达 47.4%，其中以审美体验的解释力最大，其解释量为 34.2%。整体而言，本项结果使本研究假设休闲涉入、休闲体验、地方依附对环境负责任行为有预测力获得支持。本研究结果和前述文献等研究中强调是环境负责任行为的重要

关键得到印证。

表 4-48　茶文化农家乐游客休闲涉入、休闲体验、地方依附对环境负责任行为变异数分析

模型	平方和	DF	均方值	F	P
回归分析	93.601	3	31.2	55.876	0.000
残差分析	138.479	248	0.558		
合计	232.080	251			

表 4-49　茶文化农家乐游客休闲涉入、休闲体验、地方依附对环境负责任行为逐步回归预测

选出变量顺序	R	R^2	Adjusted R^2	F	σ^2
LE_1（审美体验）	0.585a	0.342	0.339	129.743**	0.78176
LI_1（吸引力）	0.643b	0.413	0.409	87.704**	0.73948
LE_2（教育体验）	0.667c	0.444	0.438	66.109**	0.72109
PA_2（地方认同）	0.676d	0.457	0.448	51.918**	0.71445
LI_2（自我表现）	0.688e	0.474	0.463	44.331**	0.70446

注：** 表示 $P < 0.001$。

四、茶文化农家乐游客休闲涉入、休闲体验、地方依附与环境负责任行为因果关系适配度检验

本节对休闲涉入的三个层面、休闲体验的四个层面、地方依附的两个层面、环境负责任行为的两个层面进行结构方程模式关系的探讨，讨论休闲涉入、休闲体验、地方依附的相互作用对环境负责任行为具有显著因果关系是否成立；然后透过结构方程模式适合度来评鉴这种因果关系。针对因果模式适配度的检验，首先就休闲涉入对环境负责任行为、休闲体验对环境负责任行为和地方依附对环境负责任行为的三个因果关系模式直接效果予以检验，并了解其直接因果关系的强弱，其次再针对假设予以验证何者模式为佳。

经检验，在休闲涉入、休闲体验与地方依附分别对环境负责任行为的直接因果关系模式中，只有休闲涉入对环境负责任行为的适配度未达标准，需对其参考修正指标进行修正。

（一）休闲涉入对环境负责任行为因果结构修正模式

休闲涉入对环境负责任行为因果结构修正模式如图 4-8 和表 4-50 所示。

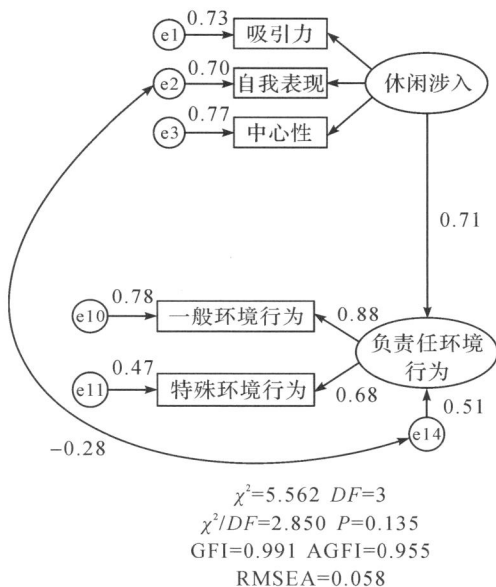

$$\chi^2=5.562 \ DF=3$$
$$\chi^2/DF=2.850 \ P=0.135$$
$$GFI=0.991 \ AGFI=0.955$$
$$RMSEA=0.058$$

图 4-8　休闲涉入对环境负责任行为因果结构修正模式

表 4-50　休闲涉入对环境负责任行为因果结构修正模式整体适配度检验摘要

适配指标	可容许标准	模型修正指标	模式配适判断
χ^2（理想值）	越小越好	5.562	符合
χ^2	＜5	1.854	符合
GFI	＞0.90	0.991	符合
AGFI	＞0.80	0.955	符合
RMSEA	＜0.08	0.058	符合
CFI	＞0.90	0.996	符合
PCFI	＞0.50	0.299	不符合

由图 4-8 及表 4-50 得知，在休闲涉入与环境负责任行为因果结构模式中，观察变量之间残差，加入共变双箭头，结构模式各项统计量均基本达适配指标，这说明休闲涉入对环境负责任行为具有因果关系，且直接因果关系为 0.71，$\chi^2/DF=1.854＜5$。

(二)休闲体验对环境负责任行为因果结构修正模式

休闲体验对环境负责任行为因果结构修正模式如图 4-9 和表 4-51 所示。

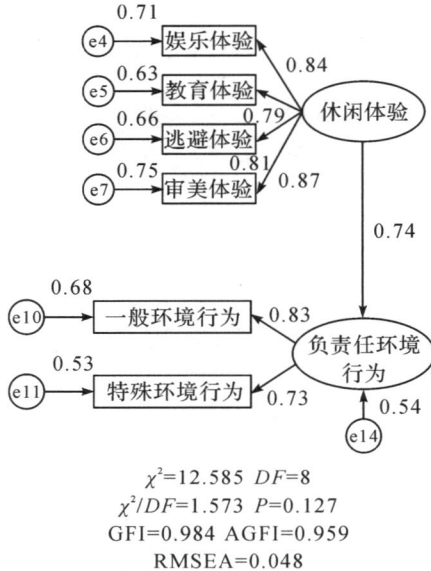

$\chi^2=12.585\ DF=8$
$\chi^2/DF=1.573\ P=0.127$
GFI=0.984 AGFI=0.959
RMSEA=0.048

图 4-9　休闲体验对环境负责任行为因果结构修正模式

表 4-51　休闲体验对环境负责任行为因果结构修正模式整体适配度检验摘要

适配指标	可容许标准	模型修正指标	模式配适判断
χ^2(理想值)	越小越好	12.585	符合
χ^2	<5	1.573	符合
GFI	>0.90	0.984	符合
AGFI	>0.80	0.959	符合
RMSEA	<0.08	0.048	符合
CFI	>0.90	0.994	符合
PCFI	>0.50	0.530	符合

由图 4-9 及表 4-51 可知,在休闲体验与环境负责任行为因果结构模式中,结构模式各项统计量均达适配指标,这说明休闲体验对环境负责任行为具有因果关系,且直接因果关系为 0.74,$\chi^2/DF=1.573<5$。

（三）地方依附对环境负责任行为因果结构修正模式

地方依附环境负责任行为因果结构修正模式如图 4-10 和表 4-52 所示。

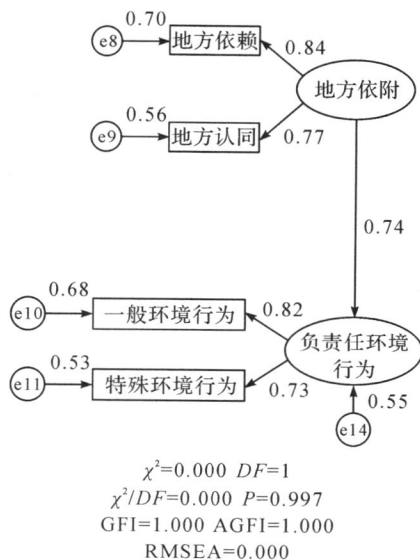

$$\chi^2=0.000 \; DF=1$$
$$\chi^2/DF=0.000 \; P=0.997$$
$$GFI=1.000 \; AGFI=1.000$$
$$RMSEA=0.000$$

图 4-10　地方依附对环境负责任行为因果结构修正模式

表 4-52　地方依附对环境负责任行为因果结构修正模式整体适配度检验摘要

适配指标	可容许标准	模型修正指标	模式配适判断
χ^2（理想值）	越小越好	0.000	符合
χ^2	＜5	0	符合
GFI	＞0.90	1	符合
AGFI	＞0.80	1	符合
RMSEA	＜0.08	0	符合
CFI	＞0.90	1	符合
PCFI	＞0.50	0.167	符合

由图 4-10 及表 4-52 得知，在地方依附与环境负责任行为因果结构模式中，结构模式各项统计量均达适配指标，这说明地方依附对环境负责任行为具有因果关系，且直接因果关系为 0.74，$\chi^2/DF=0<5$。

综上所述，休闲涉入、休闲体验及地方依附对环境负责任行为修正后的适配度良好，研究者针对原研究架构予以再度验证。

五、茶文化农家乐游客地方依附在休闲涉入对环境负责任行为及休闲体验对环境负责任行为中具有中介作用的探讨

在一项 SPSS 使用者大会中,针对结构方程模式中干扰变量的探讨和应用,陈顺宇(2007)指出中介变量的意义为将自变量的效果透过此中介变量影响到因变量,中介变量的数值要等到自变量发生后才能测量到或观察得到。而因变量的数值也要等到中介变量产生后才能量测到。中介效果存在的时机为:(1)自变量须显著影响因变量;(2)中介变量要显著影响因变量;(3)没有中介变量时,自变量会显著影响因变量;(4)有中介变量时,自变量影响因变量变成不显著(陈顺宇,2007)。另外,中介变量在理论上会影响所观察现象的因子,但这些因子并不容易被察觉或测量,它的存在和效应可从自变量对所观察现象的影响做推论而来。中介变量在社会科学理论上十分重要。作为中介变量要满足下列几个情形:(1)自变量显著影响因变量;(2)中介变量显著影响因变量;(3)当控制自变量到中介变量及中介变量到因变量的路径,则原自变量到因变量的关系就不显著,而中介功能最强烈显示的状况,则是自变量到因变量的因果路径关系(James & Brett,1984)。综上所述,针对受测游客的样本资料,予以探讨地方依附是否为中介变量?

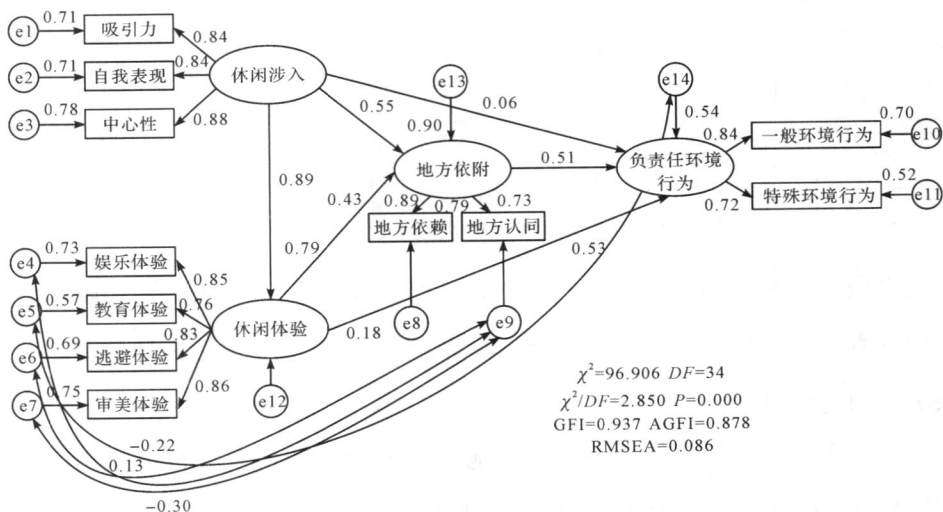

图 4-11　休闲涉入、休闲体验、地方依附与环境负责任行为因果结构假设修正模型

休闲涉入对环境负责任行为路径系数为 0.06（不显著），但透过地方依附路径系数为 0.55，再至环境负责任行为路径系数为 0.51，故 0.55×0.51＝0.2805＞0.06，可知地方依附具有完全中介效果。在图 4-11 中，休闲体验对环境负责任行为路径系数为 0.18（不显著），休闲体验至地方依附路径系数为 0.43，地方依附至环境负责任行为路径系数为 0.51，判断地方依附是否为中介变量，则以 0.43×0.51＝0.2193＞0.18，由此可知地方依附在休闲体验影响环境负责任行为的路径中具有完全中介效果。

本模型验证研究地方依附在休闲涉入与休闲体验对环境负责任行为的过程中所扮演的角色，地方依附是重要的中介变量。本研究发现，地方依附对环境负责任行为具有直接的影响，对休闲涉入、休闲体验至环境负责任行为路径中，具有完全中介效果。因此，假设 H7、H8 全部成立。本研究所有假设验证完毕，如表 4-53 所示。

表 4-53　研究假设检验结果

假设	研究假设	研究结果
H1	休闲涉入与休闲体验存在显著相关性	成立
H1-1	吸引力与休闲体验存在显著相关性	成立
H1-2	自我表现与休闲体验存在显著相关性	成立
H1-3	中心性与休闲体验存在显著相关性	成立
H2	休闲涉入对地方依附存在显著影响	成立
H2-1	吸引力对地方依附存在显著影响	成立
H2-2	自我表现对地方依附存在显著影响	成立
H2-3	中心性对地方依附存在显著影响	成立
H3	休闲体验对地方依附存在显著影响	成立
H3-1	娱乐体验对地方依附存在显著影响	成立
H3-2	教育体验对地方依附存在显著影响	成立
H3-3	逃避体验对地方依附存在显著影响	成立
H3-4	审美体验对地方依附存在显著影响	成立
H4	休闲涉入对环境负责任行为存在显著影响	不成立

续表

假设	研究假设	研究结果
H4-1	吸引力对环境负责任行为存在显著影响	不成立
H4-2	自我表现对环境负责任行为存在显著影响	不成立
H4-3	中心性对环境负责任行为存在显著影响	不成立
H5	休闲体验对环境负责任行为存在显著影响	不成立
H5-1	娱乐体验对环境负责任行为存在显著影响	不成立
H5-2	教育体验对环境负责任行为存在显著影响	不成立
H5-3	逃避体验对环境负责任行为存在显著影响	不成立
H5-4	审美体验对环境负责任行为存在显著影响	不成立
H6	地方依附与环境负责任行为存在显著相关性	成立
H6-1	地方依赖与环境负责任行为存在显著相关性	成立
H6-2	地方认同与环境负责任行为存在显著相关性	成立
H7	地方依附在休闲涉入与环境负责任行为中具有中介作用	成立
H8	地方依附在休闲体验与环境负责任行为中具有中介作用	成立

第五章　结论与建议

第一节　结　论

本书首先主要探究了游客对茶文化农家乐的休闲涉入、休闲体验、地方依附与环境负责任行为之间的关系;其次,经由文献回顾确立研究方法,以质性和量化、理论和实证相结合的方式来进行研究;最后,将研究结果归纳分析后得出结论,并针对研究结果的实际应用和未来研究方向提出建议。

一、茶文化农家乐受访游客的个人属性

从描述性研究分析结果来看,愿意填写问卷的游客女性多于男性,笔者认为男性可能在游玩的过程中更不愿意被打扰,而女性更容易妥协。前往茶文化农家乐游玩的客人年龄 35 岁以上的占 51.2%,可见年轻人不是太热衷于恬静淡雅的旅游活动。已婚与未婚的游客人数差不多,企事业工作人员、学生与专业文教人员占被调查人员的 73.5%,受访游客文化程度都较高,专科以上的游客占95.6%。受访游客 92.1%都居住在杭州,说明休闲旅游者喜欢选择家附近的农家乐。家住富阳及余杭的游客相对较少,笔者分析原因可能有二:(1)富阳及余杭两个地区离杭州市区的茶文化农家乐距离较远;(2)富阳及余杭两个地区城乡结合,不缺乏农家乐。茶文化农家乐受访游客中有 67.9%都不是第一次前来,说明游客重游意愿较强。大部分游客选择在茶文化农家乐逗留半天到一天,无须过夜,97.6%的游客都选择结伴而来。受访游客了解景区的方式

大多数通过亲友推荐以及网络。57.9%的受访游客选择自驾游,半小时至一小时到达景区的受访游客占40.5%,一小时至两小时到达景区的受访游客占40.1%,符合休闲旅游的特性,注重低时间成本和快捷性。

二、茶文化农家乐受访游客的休闲涉入现状分析

茶文化农家乐游客在休闲涉入量表中平均得分5.1323,以中心性得分最高,表示游客大多认为茶文化农家乐休闲旅游是一项社会互动的活动,其次为自我表现,达到了自己想要的精神状态。在休闲体验量表中平均得分为5.3138,具有明显中等偏高程度,其中以娱乐体验的动机得分最高,表示人们休闲目的最重要的需求是娱乐,而其次为审美体验,这充分显示出都市人们向往茶园风光的美景。在地方依附量表中平均得分4.8324分,为中等偏高,而其中以地方依赖得分为最高,表示都市游客对茶文化农家乐的休闲比较满意,而地方认同相对较低,表示人们情感意义及归属感相对较弱。环境负责任行为平均得分5.4835分,为中等偏高,而其中以特殊环境行为得分为最高,其次是一般环境行为,表示游客对游玩过程中的特殊情境遇到的环境破坏行为会付诸保护行动。

三、不同背景游客的休闲涉入、休闲体验、地方依附与环境负责任行为的差异分析

研究发现游玩5次以上的游客在吸引力、中心性及整体休闲涉入比1次及2～3次的游客显著要高。18～24岁与55岁以上的游客在地方认同比其余的游客显著要高。学历高中或中专的游客在地方依赖、地方认同及整体地方依附比专科、本科、硕士及以上的游客显著要高。学历初中的游客在地方认同及整体地方依附比专科、本科、硕士及以上的游客显著要高。上城区、下城区及西湖区游客在一般环境行为上比江干区及萧山区的游客显著要高。上城区、西湖区及滨江区的特殊环境行为比拱墅区的游客显著要高。西湖区及滨江区比余杭区游客环境负责任行为显著要高。上城区及西湖区的游客比拱墅区、江干区及萧山区的环境负责任行为显著要高。

四、游客休闲涉入、休闲体验、地方依附与环境负责任行为测量模式建构

首先,经第二章的文献回顾,并经问卷调查研究后,本书将游客的休闲涉入以吸引力、自我表现、中心性三个维度来呈现;游客的休闲体验以娱乐体验、教育体验、逃避体验及审美体验四个维度来反映;游客的地方依附以地方依赖及地方认同两个维度来反映。游客的环境负责任行为以一般环境行为及特殊环境行为两个维度来呈现;并从相关文献中了解彼此的因果关系,由此建构休闲涉入、休闲体验、地方依附与环境负责任行为的初始模式。其次,对整体模式的适配程度做评鉴,结果显示适配指标皆达可接受或良好程度。最后,从该模式研究中得出以下几点结论。

(一)游客休闲涉入对休闲体验具有正向的显著性影响

本书研究结果显示,以自我表现为特征的休闲涉入对休闲体验有较强的相关关系,同样,自我表现与逃避体验的相关性最强,而与休闲涉入各层面和教育体验的相关性则稍微低一点。笔者认为自我表现是游客极力想形成的状态,也许都市人平时压力过大,戴着面具生活,为了逃避这样的生活而涉入休闲旅游。选择茶文化休闲旅游的游客是为了放松,所以教育体验对其影响略低一些实属正常。

(二)游客休闲涉入对地方依附具有正向的显著性影响

本书研究结果显示,休闲涉入程度越高游客地方依附也越强。其中以吸引力为特征的休闲涉入对地方依附有较强的相关关系,同样,中心性与地方依赖的相关性最强。吸引力表现为让一个人从活动中得到愉悦、享乐,因此要更多地创造茶文化农家乐的特色及娱乐设施。游客的休闲涉入对地方认同的影响没有比对地方依赖的影响显著,这是因为地方依赖是一种功能性的地方依附,对目的地提供的自然环境要求比较高,而游客认为吸引力是最重要的,对自然环境的要求没有放在首位。

（三）游客休闲体验对地方依附具有正向的显著性影响

本书研究结果显示，整体休闲体验程度越高游客地方依附越强。其中以逃避体验为特征的休闲体验对地方依附有较强的相关关系，同样的表现在审美体验与地方依赖中的相关性最强，而以休闲体验各层面和地方认同的相关性则略低一点。逃避体验指的是现代人躲避不好的天气、不好的心情，向往绿水青山的游客对地方依赖相对会比较高。休闲体验对地方认同与休闲涉入对地方认同的影响也是同理。

（四）游客休闲涉入对环境负责任行为不具有显著性影响

本书研究结果显示，整体休闲涉入对环境负责任行为不具有显著性影响。在相关性的分析中发现休闲涉入与环境负责任行为中等相关，而休闲涉入各层面和特殊环境行为的相关性更低一点。

（五）游客休闲体验对环境负责任行为不具有显著性影响

本书研究结果显示，整体休闲体验对环境负责任行为不产生显著影响。在相关性分析中仅仅只有审美体验的休闲体验对环境负责任行为具有较强的相关关系，其余都不强，而以休闲体验各层面和地方认同的相关性则更低一点。

（六）游客地方依附对环境负责任行为具有正向的显著性影响

本书研究结果显示，地方依附越高游客环境负责任行为越强。其中以地方依赖为特征的地方依附对环境负责任行为有较强的相关关系，其中地方依赖对一般环境行为相关性最高。研究结果也验证了很多学者提出的地方依恋影响游客的环境负责任行为。地方依赖感越强游客环境负责任行为越高；反之，地方依赖感越弱游客环境负责任行为越低。

（七）游客地方依附在休闲涉入对环境负责任行为及休闲体验对环境负责任行为中具有中介作用

Amos 21.0 统计分析显示，如果没有地方依附的存在，休闲体验和环境负责任行为不会呈现高度正相关关系；如果没有地方依附的存在，休闲涉入和环境负责任行为不会呈现高度正相关关系。由此得知地方依附在茶文化农家乐游客环境负责任行为中是关键。

第二节 建 议

茶文化农家乐可以带动许多休闲旅游,并产生较好的经济效益。休闲涉入能给游客带来不同的休闲体验,但也造成生态环境的破坏,此现实问题应引起产官学及游客的共同重视。笔者据此提出以下几点建议。

一、产官学相结合,出台相关景区政策

当地政府应结合学术界研拟出完整的农家乐景区管理办法,并据此加以管理,而非一味地任由环境遭受破坏,影响茶文化农家乐旅游产业的发展。当地政府应该整治茶文化农家乐环境,保护茶文化农家乐的精髓,避免恶劣环境影响茶文化农家乐游客的地方依附。

二、以教育体验为切入点,提升全民环境负责任行为

当地政府应配合学术界从教育体验角度切入,将环境负责任行为的良好特质与正确的价值观带给各阶层的教育人员与莘莘学子。一旦能从基层扎根,真正落实休闲教育体验与生态环境保护的推广,提升民众的环境负责任行为意识,便能使茶文化农家乐整体休闲价值与经济效益得以展现。

三、拓宽活动宣传管道,加大宣传力度

本书以茶文化农家乐游客为研究对象,然而研究结果发现,鲜少游客是通过茶文化农家乐活动得知景区消息,显示茶文化景区活动宣传不足。建议宣传部门应通过不同媒介,如广播、网络、杂志等来宣传茶文化农家乐的活动,让游客能通过这些活动真正地深入了解茶文化农家乐。

四、产品特色化多元化,强化游客休闲体验

差异性分析显示,到访次数会增加地方依附。因此,建议相关经营者把握初次到茶文化农家乐的游客,利用各种营销策略为初次游客创造难忘的体验。此外,也可利用对茶文化农家乐已产生相当程度认同感的到访三次以上的游客,借由他们对茶文化农家乐的地方依附,达到免费推荐和宣传的效果。此外,地方依附的程度未受到居住地差异的影响,研究显示对茶文化农家乐的杭州本地游客未对老屋产生独特情感。笔者建议经营者在饮点上多发挥创意,除了可提供家常菜,让游客搭配怀旧情境,塑造出回到农村外婆家的感觉之外,也可提供各国创意料理,满足本地消费者的味蕾。

五、形成优良商圈,增强游客地方依赖

本书研究显示,地方依附以地方依赖的权重为最高,故茶文化农家乐历史、人文艺术、人情味、亲切感在民众心目中已根深蒂固,更被视为日常生活中的一部分。游客的聚集带动百业发展,若能将更多优良商店聚集形成优良形象商圈,满足游客衣食住行育乐各方面的需求,更能增加地方依赖。

六、健全旅游服务设施,提升旅游服务质量

目前,茶文化农家乐的店铺大多由当地居民自发经营,环境和旅游服务质量还有待提升,笔者建议规范村中的店铺,利用当地特色建筑材料装饰店铺,营造 乡村特色,提升旅游服务质量。

七、丰富休闲旅游活动,提高游客地方依附

地方依附是游客环境负责任行为的影响因素,所以要提高茶文化农家乐游客的地方依附,可设计更多与游客休闲及生活有关的活动,以此来吸引游客长时间持续性地参与茶文化农家乐的活动,并积极鼓励游客选择多种类的休闲活动,使游客的生活范围与茶文化农家乐景区相联结,让他们对茶文化农家乐产生归属感与认同感,最终提高其环境负责任行为。

八、整合旅游资源，凸显全域旅游

本书研究显示，茶文化农家乐易吸引距离近的游客，这也凸显出茶文化农家乐在情感及功能依附上的不足，难以吸引距离较远的游客。笔者建议结合杭州的观光资源，加强外地游客的地方依附。如何透过资源整合加强环境的功能性或情感的认同，以加强游客的地方依附，是相关单位需要探讨的问题。

九、推广大众运输工具，增加游客便利性

在本书中，对茶文化农家乐的游客搭乘的交通工具调查结果显示，五成以上的游客以自用私家车为交通工具，这容易造成茶文化农家乐景区交通拥塞，甚至影响周边居民生活。笔者建议管理部门可推广以搭乘公交车、观光巴士、接驳车等大众运输方式进入茶文化农家乐景区。

第三节 研究限制与后续研究建议

由于经费及时间上的限制，本研究仅将杭州的梅家坞、龙井村及茅家埠的茶文化农家乐游客作为范例进行调查与分析研究，因此本书的研究结果在解释上可能出现以下限制：

（1）为了提高资料的真实性和有效性，笔者采用了实地调研法，但由于人力、时间与精力的限制，仅以梅家坞、龙井村及茅家埠为抽样范围，样本容量的有限性和样本分布的集中性会对研究结果造成一定的误差，研究结果的解释仅适用于杭州，是否能推论至其他城市，尚待研究，故研究结果不宜做过度推论，后续研究可扩大研究范围。

（2）本研究仅针对 3 月、4 月、5 月这段时间前往茶文化农家乐的游客，未包含其他时间，故在样本代表性与研究推论上可能受到限制，对后续研究建议可在其他时间进行。本研究属区域性研究形态，研究所得结果无法代表所有茶文

化农家乐游客的感受。只有在全国范围内不同的茶文化农家乐进行调研分析，才能够充分了解茶文化农家乐游客的休闲涉入、休闲体验及地方依附对游客环境负责任行为的影响，使研究结果更有说服力。

（3）本研究采用问卷调查法，受试者在量表上的填答是否有所保留、受试者填答时是否受到外界干扰、受试者本身对问题的认知差异等因素所造成测量上的误差，实非本研究所能控制；且仅能假设受试者皆为诚实作答。同时本书的研究对象仅限于游客，建议后续研究者可增加当地经营者、当地居民，透过探讨游客与经营者、居民认知上的差异，使研究结果更有价值。

（4）本书虽然对游客的环境负责任行为影响因素做了一定探讨，但也存在一定的局限。首先，环境负责任行为作为一种特殊的人类行为，其实施过程必然受到许多因素的影响。本书仅讨论了休闲涉入、休闲体验和地方依附三个变量对其产生影响，未来可以纳入环境意识等变量，以便更深层次地探讨它们与环境负责任行为之间的因果关系。

（5）可以进一步拓展理论模型，在模型建构中加强对游客游后行为意愿的研究。游后行为意向包含重游意愿及推荐意愿。考虑游客行为意愿，而游客行为意愿与游客的实际行为是有一定的区别，游客的行为意愿并不能与游客的实际行为完全等同，有待在后续的研究中进一步讨论。

参考文献

[1]Ainsworth M S，Bowlby J，1991. An ethological approach to personality development[J]. American Psychologist，46(4):333-341.

[2]Ajzen I，1991. The theory of planned behavior[J]. Organizational Behavior and Human Decision Processes,50(2):179-211.

[3]Akyildiz M，Argan M,2015. Leisure experience tagged on facebook: The influence of facebook experiences on satisfaction[J]. Pamukkale Journal of Sport Sciences，6(2).

[4]Anderson J C，Gerbing D W,1988. Structural equation modeling in practice [J]. Psychological Bulletin，103(3):411-423.

[5]Backlund E A，Williams D R,2003. A quantitative synthesis of place attachment research: Investigating past experience and place attachment [M]. Bolton Landing，NY: USDA Forest Service，Northeast Research Station.

[6]Bagozzi R P，Heatherton T F,1994. A general approach to representing multifaceted personality constructs: Application to state self-esteem[J]. Structural Equation Modeling: A Multidisciplinary Journal，1(1):35-67.

[7]Bagozzi R P，Fornell C F，Larcker D F,1981. Canonical correlation analysis as a special case of a structural relations model[J]. Multivariate Behavioral Research，16(4):437-454.

[8]Bagozzi R P ，Yi Y，1988. On the evaluation of structure equation models [J]. Journal of the Academy of Marketing Science，16(1):74-94.

[9]Ballantyne R，Packer J，2011. Using tourism free-choice learning experiences to promote environmentally sustainable behavior：the role of postvisit "action resources"[J]. Environmental Education Research，17(2)：201-215.

[10]Bandalos D L，2002. The effects of item parceling on goodness-of-fit and parameter estimate bias in structural equation modeling[J]. Structural Equation Modeling— A Multidisciplinary Journal，9(1)：78-102.

[11]Bandalos D L，Finney S J ,2001. Item parceling issues in structural equation modeling[M]. Hillsdale，N. J. ：Lawrence Erlbaum Associates.

[12]Beard J G，Ragheb M G,1980. Measuring Leisure Satisfaction[J]. Journal of Leisure Research，12(1)：20-33.

[13]Bentler P M，Chou C P，1987. Practical issues in structural modeling[J]. Sociological Methods & Research，16(1)：187-196.

[14]Bricker K S，Kerstetter D L，2000. Level of specialization and place attachment：An exploratory study of whitewater recreationists[J] Leisure Science，22：233-257.

[15]Bricker K S，Kerstetter D L，2002. An interpretation of special place meanings whitewater recreationists attach to the south fork of the American river[J]. Tourism Geographies，4(4)：396-425.

[16]Bruyere B，Nash P E，Mbogella F,2011. Predicting participation in environmental education by teachers in coastal regions of Tanzania[J]. Journal of Environmental Education，42(3)：168-180.

[17]Bryan H,1977. Leisure value systems and recreational specialization：The case of trout fishermen[J]. American Journal of Veterinary Research，44(5)：861-864.

[18]Buta N，Holland S M，Kaplanidou K，2014] Local communities and protected areas：The mediating role of place attachment for pro-environmental civic engagement[J]. Journal of Outdoor Recreation & Tourism，

5-6：1-10.

[19]Cattell R B, Burdsal C,1975. The radial parcel double factoring design：A solution to the item-vs-parcel controversy[J]. Multivariate Behavioral Research, 10(2)：165-179.

[20]Chang S H, Gibson H J,2011. Physically active leisure and tourism connection：Leisure involvement and choice of tourism activities among paddlers[J]. Leisure Sciences, 33(2)：162-181.

[21]Chao Y L,2012. Predicting people's environmental behaviour：theory of planned behaviour and model of responsible environmental behaviour[J]. Environmental Education Research, 18(4)：1-25.

[22]Chapman R L,2003. New product development action programs[M]. Fremantle, Western Australia：Australian and New Zealand Academy of Management.

[23]Che D, Veeck A, Veeck G, Burns R,2007. Robinson K. Demographic characteristics and motivations of Michigan agritourists[J]. General Technical Report-Northern Research Station, USDA Forest Service, 14：98-103.

[24]Che D, Veeck A, Veeck G,2005. Sustaining production and strengthening the agritourism product：Linkages among Michigan agritourism destinations[J]. Agriculture & Human Values, 22(2)：225-234.

[25]Chen H J, Hwang S N, Lee C,2006. Visitors' characteristics of guided interpretation tours [J]. Journal of Business Research, 59 (10-11)：1167-1181.

[26]Chen H S,2015. The establishment and application of environment sustainability evaluation indicators for ecotourism environments[J]. Sustainability, 7(4)：4727-4746.

[27]Chen N, Dwyer L, Firth T,2014a. Conceptualization and measurement of dimensionality of place attachment. Tourism Analysis, 19(3)：323-338.

[28]Chen N，Dwyer L，Firth T，2014b. Effect of dimensions of place attachment on residents' word-of-mouth behavior[J]. Tourism Geographies An International Journal of Tourism Space Place & Environment，16(5)：826-843.

[29]Cheng T M，Wu H C，2014. How do environmental knowledge，environmental sensitivity，and place attachment affect environmentally responsible behavior? An integrated approach for sustainable island tourism[J]. Journal of Sustainable Tourism，23(4)：557-576.

[30]Cheng T M，Wu H C，Huang L M，2013. The influence of place attachment on the relationship between destination attractiveness and environmentally responsible behavior for island tourism in Penghu，Taiwan[J]. Journal of Sustainable Tourism，21(8)：1166-1187.

[31]Cheng T M，2015. The influence of leisure involvement on flow experience during hiking activity：Using psychological commitment as a mediate variable[J]. Asia Pacific Journal of Tourism Research，21(1)：1-19.

[32]Chiu Y T H，Lee W I，Chen T H，2014. Environmentally responsible behavior in ecotourism：Antecedents and implications[J]. Tourism Management，40(1)：321-329.

[33]Clarke J，1996. Farm accommodation and the communication mix[J]. Tourism Management，17(8)：611-616.

[34]Coghlan A，Filo K，2016. Bringing personal character strengths into the production of the leisure experience[J]. Leisure Sciences，38(2)：100-117.

[35]Cordes K A，Ibrahim H M，1999. Applications in recreation and leisure：For today and the future [M]. New York：McGraw Hill.

[36]Cottrell S P，Graefe A R，1997. Testing a conceptual framework of responsible environmental behavior[J]. The Journal of Environmental Education，29(1)：17-27.

[37]Csikszentmihalyi M，LeFevre J，1989. Optimal experience in work and

leisure[J]. Journal of Personality and Social Psychology, 56: 815-822.

[38]Csikszentmihalyi M,1976. Beyond boredom and anxiety. The Experience of Play in Work and Games[J]. quest, 6(2).

[39]Csikszentmihalyi M, 1988. The flow experience and its significance for human psychology optimal experience: Psychological studies of flow in consciousness[M]. Cambridge: Cambridge University Press.

[40]Csikszentmihalyi M,1990. Flow: The psychology of optimal experience [J]. Design Issues, 8(1): 75-77.

[41]Day R D, Lamb M E,2015. Conceptualizing and measuring father involvement[M]. Toronto: University of Toronto.

[42]Dernoi L A,1983. Farm tourism in Europe[J]. Tourism Management, 4(3):155-166.

[43]Dernoi L A,2014. Prospects of rural tourism: Needs and opportunities [J]. Tourism Recreation Research, 16(1):89-94.

[44]Dono J, Webb J, Richardson B,2010. The relationship between environmental activism, pro-environmental behaviour and social identity [J]. Journal of Environmental Psychology, 30(2):178-186.

[45]Dubé L, Schmitt B H, 1999. The effect of a similarity versus dissimilarity focus in positioning strategy: The moderating role of consumer familiarity and product category[J]. Psychology & Marketing, 16(3):211-224.

[46]Dunlap R E, York R,2008. The globalization of environmental concern and the limits of the post materialist values explanation: Evidence from four multinational surveys[J]. Sociological Quarterly, 49(3): 529-563.

[47]Ekiz E H, Lattimore K C,2014. Destination India: Investigating the impact of Goa's attributes on families' leisure travel experience[J]. Tourism An International Interdisciplinary Journal, 62(2):165-180.

[48]Eills G, Witt P,1991. The measurement of perceived freedom in leisure [J]. Journal of Leisure Research, 16(3):110-123.

[49]Fishbein M，Ajzen I,1975. Belief，attitude，intention and behaviour：An introduction to theory and research[J]. Cahiers Détudes Africaines，41(4)：842-844.

[50]Fleischer A，Pizam A,1997. Rural tourism in Israel[J]. Tourism Management，18(6)：367-372.

[51]Frater J M,1983. Farm tourism in England—Planning，funding，promotion and some lessons from Europe[J]. Tourism Management,4(3)：167-179.

[52]Funk D C，Ridinger L L，Moorman A M,2004. Exploring origins of involvement：Understanding the relationship between consumer motives and involvement with professional sport teams[J]. Leisure Sciences，26(1)：35-61.

[53]Garcia R，Nicholls L L,1995. Crime in new tourism destinations：The mall of America[J]. Visions in Leisure & Business，14(3)：15-27.

[54]Gosling E，Williams K J H,2010. Connectedness to nature，place attachment and conservation behaviour：Testing connectedness theory among farmers-Science Direct[J]. Journal of Environmental Psychology，30(3)：298-304.

[55]Grønhøj A，Thøgersen J,2012. Action speaks louder than words：The effect of personal attitudes and family norms on adolescents' pro-environmental behaviour[J]. Journal of Economic Psychology，33(1)：292-302.

[56]Gross M J，Brown G,2006. Tourism experiences in a lifestyle destination setting：The roles of involvement and place attachment[J]. Journal of Business Research，59(6)：696-700.

[57]Gross M J，Brown G,2008. An empirical structural model of tourists and places：Progressing involvement and place attachment into tourism[J]. Tourism Management，29(6)：1141-1151.

[58]Gu H，Ryan C,2008. Place attachment，identity and community impacts

of tourism—The case of a Beijing Hutong[J]. Tourism Management，29
(4)：637-647.

[59]Gunter B G, Gunter N C,1980. Leisure styles：A conceptual framework
for modem leisure[J]. Sociological Quarterly，21(3)：361-374.

[60]Gunter B G,1987. The leisure experience：selected properties[J]. Journal
of Leisure Research,19(2)：115-130.

[61]Gursoy D, Gavcar E,2003. International leisure tourists' involvement
profile[J]. Annals of Tourism Research，30(4)：906-926.

[62]Gursoy D, McCleary K W, Lepsito L R,2003. Segmenting dissatisfied
restaurant customers based on their complaining response styles[J]. Jour-
nal of Foodservice Business Research，6(1)：25-44.

[63]Hair J F, Rolph E A, Ronald L T,1998. William C B. Multivariate data
analysis [M]. London：Prentice Hall International.

[64]Halpenny E A,2006. Environmental behaviour, place attachment and
park visitation：A case study of visitors to Point Pelee National Park[D].
Unpublished Doctoral Dissertation，University of Waterloo，Canada.

[65]Halpenny E A,2010. Pro-environmental behaviours and park visitors：
The effect of place attachment[J]. Journal of Environmental Psychology，
30(4)：409-421.

[66]Halpenny E,2007. Examining the relationship of place attachment with
pro-environmental intentions [J]. General Technical Report-Northern
Research Station，USDA Forest Service，14：63-66.

[67] Han H, Hwang J, Kim J, et al.，2015. Guests' pro-environmental
decision-making process：Broadening the norm activation framework in a
lodging context[J]. International Journal of Hospitality Management，47：
96-107.

[68]Harper S,2012. Richard farmer, the food companions：Cinema and con-
sumption in wartime Britain，1939－1945[J]. Journal of British Cinema

& Television,9(1):154-155.

[69]Hau K T，Marsh H W,2004. The use of item parcels in structural equation modelling：Non-normal data and small sample sizes[J]. British Journal of Mathematical & Statistical Psychology，57：327-351.

[70]Havitz M E，Dimanche F,1990. Propositions for testing the involvement construct in recreational and tourism contexts[J]. Leisure Sciences，12(2):179-195.

[71]Havitz M E，Dimanche F，1999. Leisure involvement revisited：Drive properties and paradoxes [J]. Journal of Leisure Research，31(2)：122-149.

[72]Havitz M E，Kaczynski A T，Mannell R C,2013. Exploring relationships between physical activity，leisure involvement，self-efficacy，and motivation via participant segmentation[J]. Leisure Sciences，35(1):45-62.

[73]Havitz M E,Dimanche F,1997. Leisure involvement revisited：Conceptual conundrums and measurement advances[J]. Journal of Leisure Research，29(3):245-278.

[74]Hedlund T，Marell A，Gaerling T,2012. The mediating effect of value orientation on the relationship between socio-demographic factors and environmental concern in Swedish tourists' vacation choices[J]. Journal of Ecotourism，11(1):16-33.

[75]Hernandez B，Martin A M，Ruiz C，et al.，2010. The role of place identity and place attachment in breaking environmental protection laws[J]. Journal of Environmental Psychology,30(3)：281-288.

[76]Hidalgo M C，Hernández B，2001. Place attachment：Conceptual and empirical questions[J]. Journal of Environmental Psychology，21(3)：273-281.

[77]Hines J M，Hungerford H R，Tomera A N,1987. Analysis and synthesis of research on responsible environmental behavior：A Meta-Analysis[J].

Journal of Environmental Education，18(2)：1-8.

[78]Holbert R L，Stephenson M T，2002. Structural equation modeling in the communication sciences，1995－2000[J]. History Reviews of New Books，28(4)：531-551.

[79]Hou J S，Lin C H，Morais D B，2005. Antecedents of attachment to a cultural tourism destination：The case of Hakka and Non-Hakka taiwanese visitors to Pei-Pu，Taiwan[J]. Journal of Travel Research，44（2）：221-233.

[80]Hsu S M ，Hsieh P H ，Yuan S T，2013. Roles of small and medium-sized enterprises in service industry innovation：A case study on leisure agriculture service in tourism regional innovation[J]. Service Industries Journal，33(11-12)：1068-1088.

[81]Hungerford H R，Volk T L，1989. Changing learner behaviour through environmental education[J]. Journal of Environmental Education，21：8-22.

[82]Hwang S N，Lee C，Chen H J，2005. The relationship among tourists' involvement，place attachment and interpretation satisfaction in Taiwan's National Parks[J]. Tourism Management，26(2)：143-156.

[83]Iwasaki Y，Havitz M E，2004. Examining relationships between leisure involvement，psychological commitment and loyalty to a recreation agency [J]. Journal of Leisure Research，36(1)：45-72.

[84]James L R，Brett J M，1984. Mediators，moderators，and tests for mediation[J]. Journal of Applied Psychology，69(2)：307-321.

[85]Jamrozy U，Backman S J，Backman K F，1996. Involvement and opinion leadership in tourism[J]. Annals of Tourism Research，23(4)：908-924.

[86]Jöreskog K G，Sörbom D，SPSS Inc，1993. Lisrel 8：Structural equation modeling with the SIMPLIS command language[M]. Lincolnwood：Scientific Software International.

[87]Jorgensen B S，Stedman R C，2006. A comparative analysis of predictors of sense of place dimensions：Attachment to, dependence on, and identification with lakeshore properties[J]. Journal of Environmental Management,79(3)：316-27.

[88]Jun J H，Kyle G T，Vlachopoulos S P，et al. ,2012. Reassessing the structure of enduring leisure involvement [J]. Leisure Sciences，34 (1)：1-18.

[89]Kafyri A，Hovardas T，Poirazidis K,2012. Determinants of visitor pro-environmental intentions on two small greek islands：Is ecotourism possible at coastal protected areas? [J]. Environmental Management,50(1)：64-76.

[90]Kaiser F G，2006. A moral extension of the theory of planned behavior：Norms and anticipated feelings of regret in conservationism[J]. Personality & Individual Differences，41(1)：71-81.

[91]Kaltenborn B P，1997. Recreation homes in natural settings：factors affecting place attachment [J]. Norsk Geografisk Tidsskrift-Norwegian Journal of Geography，51(4)：187-198.

[92]Kanao K，Komori O，Nakashima J，et al. ,2015. The effect of information provision on pro-environmental behaviors[J]. Low Carbon Economy，6(2)：30-40.

[93]Kang M H，Moscardo G，Hwang Y H，2006. Exploring cross-cultural differences in attitudes towards responsible tourist behaviour：A comparison of Korean，British and Australian tourists[J]. Asia Pacific Journal of Tourism Research，11(4)：303-320.

[94]Kapferer J N，Laurent G,1985. Consumer involvement profiles：A new and practical approach to consumer involvement[J]. Journal of Advertising Research，25(6)：48-56.

[95]Kelly J R,1987. Freedom to be. A new sociology of leisure[M]. New

York, USA: Sociology of Leisure.

[96]Kil N, Holland S M, Stein T V, 2014. Structural relationships between environmental attitudes, recreation motivations, and environmentally responsible behaviors[J]. Journal of Outdoor Recreation and Tourism, 7-8:16-25.

[97]Kim S S, Scott D, Crompton J L,1997. An exploration of the relationships among social psychological involvement, behavior involvement, commitment, and future intentions in the context of bird watching[J]. Journal of Leisure Research, 29(3): 320-341.

[98]Kim S, Hagtvet K A,2003. The impact of misspecified item parceling on representing latent variables in covariance structure modeling: A simulation study[J]. Structural Equation Modeling A Multidisciplinary Journal, 10(1): 101-127.

[99]Kishton J M, Widaman K F,1994. Unidimensional versus domain representative parceling of questionnaire items: An empirical example[J]. Us Dhhs Phs Cdc Niosh Publication No, 54(3): 757-765.

[100]Kozak M, 2001. Comparative assessment of tourist satisfaction with destinations across two nationalities[J]. Tourism Management, 22(4): 391-401.

[101]Krugman H E, 1965. The impact of television advertising: Learning without involvement[J]. Public Opinion Quarterly, 29(3): 349-356.

[102]Kyle G T, Mowen A J, 2005. An examination of the leisure involvement-Agency commitment relationship[J]. Journal of Leisure Research, 37(3): 342-363.

[103]Kyle G T, Mowen A J, Tarrant M, 2004. Linking place preferences with place meaning: An examination of the relationship between place motivation and place attachment[J]. Journal of Environmental Psychology, 24(4): 439-454.

[104]Kyle G, Absher J, Norman W, et al., 2007. A modified involvement

scale[J]. Leisure Studies，26(4)：399-427.

[105]Kyle G，Graefe A R，Manning R，et al. ，2003. An examination of the relationship between leisure activity involvement and place attachment among hikers along the Appalachian Trail [J]. Journal of Leisure Research，35(3)：249-273.

[106]Kyle G，Graefe A，Manning R，Bacon J，2004. Predictors of behavioral loyalty among hikers along the Appalachian Trail[J]. Leisure Sciences，26：99-118.

[107]Kyle G，Graefe A，Manning R，Bacon J. An examination of the relationship between leisure activity involvement and place attachment among hikers along the Appalachian trail [J]. Journal of Leisure Research，2003，35(3)：249-273.

[108]Lane B，Bramwell W，1994. Rural tourism and sustainable rural development[M]. London：View Publication.

[109]Lastovicka J L，Gardner D M，1979. Attitude research plays for high stakes[C]. In J. C. Maloney & B. Silverman，Components of involvement. Chicago：American Marketing Association.

[110]Lattimore K C S C，2012. The tourism and leisure experience：consumer and managerial perspectives[J]. Annals of Leisure Research，15 (1)：1205-1206.

[111]Lee C C，2001. Predicting tourist attachment to destinations[J]. Annals of Tourism Research，28(1)：229-232.

[112]Lee J S，Hsu L T，Han H，et al. ，2010. Understanding how consumers view green hotels：How a hotel's green image can influence behavioural intentions[J]. Journal of Sustainable Tourism，18(7)：901-914.

[113]Lee J，Kyle G，Scott D，2012. The mediating effect of place attachment on the relationship between festival satisfaction and loyalty to the festival hosting destination[J]. Journal of Travel Research，51(6)：754-767.

[114]Lee S, Scott D, Kim H,2008. Celebrity fan involvement and destination perceptions[J]. Annals of Tourism Research, 35(3): 809-832.

[115]Lee T H, 2011. How recreation involvement, place attachment and conservation commitment affect environmentally responsible behavior[J]. Journal of Sustainable Tourism, 19(7): 895-915.

[116]Lee T H, Jan F H, 2015. The influence of recreation experience and environmental attitude on the environmentally responsible behavior of community-based tourists in Taiwan [J]. Journal of Sustainable Tourism, 23(7): 1-32.

[117]Lee T H, Shen Y L, 2013. The influence of leisure involvement and place attachment on destination loyalty: Evidence from recreationists walking their dogs in urban parks[J]. Journal of Environmental Psychology, 33(3): 76-85.

[118]Lee Y, Dattilo J, Howard D, 1994. The complex and dynamic nature of leisure experience[J]. Journal of Leisure Research, 26(3): 195-211.

[119]Little T D, Cunningham W A, Shahar G,et al., 2002. To parcel or not to parcel: Exploring the question, weighing the merits[J]. Structural Equation Modeling A Multidisciplinary Journal, 9(2): 151-173.

[120]Littlepage L E, Wu H, Andresson T, et al., 2002. Identification of phosphorylated residues that affect the activity of the mitotic kinase Aurora-A[J]. Proceedings of the National Academy of Sciences, 99 (24): 15440.

[121]Lubell M, Vedlitz A, 2006. Collective action, environmental activism, and air quality policy[J]. Political Research Quarterly, 59(1): 149-160.

[122]Macbeth J,1997. Tourism and the district of Omeo : final report of the Omeo District Sustainable Community Project[J]. Murdoch University.

[123]Macbeth J,2005. Towards an ethics platform for tourism[J]. Annals of Tourism Research, 32(4): 962-984.

[124]Mannell R C，Isoahola S E，1987. Psychological nature of leisure and tourism experience[J]. Annals of Tourism Research，14(3)：314-331.

[125]Mannell R C，Isoahola S E，1980. Social psychological techniques and strategies for studying leisure experiences[J]. Social Psychological Perspectives on Leisure & Recreation，62-88.

[126]Marsh H W，Hau K T，Balla J R，et al.，1998. Is more ever too much? The number of indicators per factor in confirmatory factor analysis[J]. Multivariate Behavioral Research，33(2)：181-220.

[127]Matsunaga Y，Kato T，Hatori T，2008. A Landau mode in current-carrying carbon nanotube and effects on electrical breakdown[J]. Journal of Applied Physics，103(10)：354.

[128]Maude A J S，Rest D J V，1985. The social and economic effects of farm tourism in the United Kingdom[J]. Agricultural Administration，20(2)：85-99.

[129]Mcintyre N，1989. The personal meaning of participation：Enduring involvement[J]. Journal of Leisure Research，21(2)：167-179.

[130]Mcintyre N，Pigram J J，1992. Recreation specialization reexamined：The case of vehicle-based campers[J]. Leisure Sciences，14(1)：3-15.

[131]Mclean D D，Hurd A R，2014. Kraus' recreation and leisure in modern society[M]. Sudbury，Mass：Jones and Bartlett Publishers.

[132]Miller G，Rathouse K，Scarles C，et al.，2010. Public understanding of sustainable tourism[J]. Annals of Tourism Research，37(3)：627-645.

[133]Mock S E，Plante C N，Reysen S，et al.，2013. Deeper leisure involvement as a coping resource in a stigmatized leisure context[J]. Leisure，2013，37(2)：111-126.

[134]Moore R L，Graefe A R，1994. Attachments to recreation settings：The case of rail-trail users[J]. Leisure Sciences，16(1)：17-31.

[135]Mshenga P M，Adipala E，Tusiime G，et al.，2010. Tourism and agri-

culture linkages: Determinants of local agricultural products purchase by hotels at the Kenyan coast [C]. Entebbe, Uganda: Building Capacity For Food Security in Africa.

[136]Neulinger J, 1981. The psychology of leisure[M]. Springfield, Illinois: Charles C. Thomas.

[137]Nilsson P Å, 2002. Staying on farms[J]. Annals of Tourism Research, 29(1): 7-24.

[138]Nyaupane G P, Morais D B, Dowler L, 2006. The role of community involvement and number/type of visitors on tourism impacts: A controlled comparison of Annapurna, Nepal and Northwest Yunnan, China[J]. Tourism Management, 27(6): 1373-1385.

[139]OECD, 1994. Tourism policy and international tourism in OECD countries. Paris.

[140]Oppermann M, 1996. Rural tourism in Southern Germany[J]. Annals of Tourism Research, 23(1): 86-102.

[141]Otto J E, Ritchie J R B, 1996. The service experience in tourism[J]. Tourism Management, 17(3): 165-174.

[142]Pearce P L, 1990. Farm tourism in New Zealand: A social situation analysis[J]. Annals of Tourism Research, 17(3): 337-352.

[143]Phillip S, Hunter C, Blackstock K, 2010. A typology for defining Agritourism[J]. Tourism Management, 31(6): 754-758.

[144]Pine B J, Gilmore J H, 1998. Welcome to the experience economy[J]. Harvard Business Review, 76(4): 97-105.

[145]Pitt L, Ewing M, Teo F, et al. , 2015. New meanings for marketing in a new millennium[C]// Moore M, Moore R S. The Use of the Internet as a Subjective Leisure Experience a Study of Australian University Students. Mississippi, USA: Springer International Publishing.

[146]Pooley J A, O'Connor M, 2000. Environmental education and attitudes:

Emotion and beliefs are what is needed[J]. Environment & Behavior, 32
(5): 711-723.

[147]Poortinga W, Steg L, Vlek C, 2004. Values, environmental concern,
and environmental behavior a study into household energy use[J]. Envi-
ronment & Behavior, 36(1): 70-93.

[148]Prayag G, Ryan C, 2012. Antecedents of tourists' loyalty to Mauritius:
The role and influence of destination image, place attachment, personal
involvement, and satisfaction[J]. Journal of Travel Research, 51(3):
342-356.

[149]Pritchard M P, Howard D R, Havitz M E, 1992. Loyalty measurement:
A critical examination and theoretical extension[J]. Leisure Sciences An
Interdisciplinary Journal, 14(2): 155-164.

[150]Proshansky H M, 1978. The City and Self-identity[J]. Environment and
Behavior,10(2): 147-169.

[151]Proshansky H M, Fabian A K, Kaminoff R, 1983. Place-identity: Phys-
ical world socialization of the self[J]. Journal of Environmental Psychol-
ogy, 3(1): 57-83.

[152]Ramkissoon H, Mavondo F, 2014. Pro-environmental behavior: The
link between place attachment and place satisfaction. Tourism Analysis,
19(6): 673-688.

[153]Ramkissoon H, Smith G L D, Weiler B, 2012. Testing the dimensionali-
ty of place attachment and its relationships with place satisfaction and
pro-environmental behaviours: A structural equation modelling ap-
proach. Tourism Management, 36:552-566.

[154]Ramkissoon H, Smith L D G, Weiler B, 2013. Relationships between
place attachment, place satisfaction and pro-environmental behaviour in
an Australian national park[J]. Journal of Sustainable Tourism, 21(3):
434-457.

[155]Ramkissoon H，Weiler B，Smith L D G，2012. Place attachment and pro-environmental behavior in national parks：The development of a conceptual framework[J]. Journal of Sustainable Tourism，20(2)：257-276.

[156]Raymond C M，Brown G，Weber D，2010. The measurement of place attachment：Personal，community，and environmental connections[J]. Journal of Environmental Psychology，30(4)：422-434.

[157]Riley R B，1992. Attachment to the ordinary landscape[M]. New York：Plenum Press.

[158]Robelia B A，Burton C G L，2011. Environmental learning in online social networks：Adopting environmentally responsible behaviors[J]. Environmental Education Research,17(4)：553-575.

[159]Roberts L，Hall D，2001. Rural tourism and recreation principles to practice[J]. Rural Tourism & Recreation Principles to Practice，23(5)：23-39.

[160]Robinson J，Godbey G，2013. Work and leisure in America：How we spend our time[J]. Leisure Today Selected Readings，49(8):38-39.

[161]Rogers W M，Schmitt N，2004. Parameter recovery and model fit using multidimensional composites：A comparison of four empirical parceling algorithms[J]. Multivariate Behavioral Research,39(3)：379-412.

[162]Rossman J R，1989. Recreation programming designing leisure experience[M]. Champaign，IL：Sagamore Publishing.

[163]Roth C E，1968. On the road to conservation[M]. Massachusetts：Audubon.

[164]Roth C E，1992. Environmental literacy：It's roots, evolution and directions in the 1990s[R]. Clearinghouse for Science，Mathematics，and Environmental Education，Columbus，Ohio.

[165]Rothschild M L，1984. Perspectives on involvement：Current problems and future directions[J]. Advances in Consumer Research，11（4）：216-217.

[166] Rubinstein R L，1989. The home environments of older people：A description of the psychosocial processes linking person to place[J]. Journal of Gerontology,44(2)：45-53.

[167] Saska P，Martin C，Stefan B，2011. Local nuances in the perception of nature protection and place attachment：A tale of two parks[J]. Area，43(43)：327-335.

[168] Scannell L，Gifford R，2010. Defining place attachment：A tripartite organizing framework[J]. Journal of Environmental Psychology，30(1)：1-10.

[169] Siegenthaler K L，1997. Health benefits of leisure[J]. Parks & Recreation，32(1)：24-34.

[170] Siegenthaler K L，& Lam T C M，1992. Commitment and ego：Involvement in recreational tennis[J]. Leisure Sciences An Interdisciplinary Journal，14(4)：303-315.

[171] Selin S W，Howard D R，1988. Ego involvement and leisure behavior：A conceptual specification[J]. Journal of Leisure Research，20(3)：237-244.

[172] Sharpley R，2002. Rural tourism and the challenge of tourism diversification：The case of Cyprus[J]. Tourism Management，23(3)：233-244.

[173] Sharpley R，Roberts L，2004. Rural tourism—10 years on[J]. International Journal of Tourism Research，6(6)：119-124.

[174] Sharpley R，Sharpley J，1997. Rural tourism：An introduction[M]. London：International Thomson Business Press.

[175] Sheppard B H，Hartwick J，Warshaw P R，2010. The theory of reasoned action：a meta-analysis of past research with recommendations for modifications and future research[J]. Journal of Consumer Research，48(4)：343-345.

[176] Sherif M，Cantril H，1947. The psychology of ego-involvements；social

attitudes and identifications[J]. Psychoanalytic Review，258（3）：162-163.

[177]Shumaker S A，Taylor R B，1983. Toward a clarification of people-place relationships：A model of attachment to place[C]// Feimer N R，Geller E S. Environmental psychology：Directions and perspectives. New York：Praeger.

[178]Siegenthaler K L，Lam T C M，1992. Commitment and ego：Involvement in recreational tennis[J]. Leisure Sciences An Interdisciplinary Journal，14(4)：303-315.

[179]Siegenthaler K L，1997. Health benefits of leisure[J]. Parks & Recreation，32(1)：24-34.

[180]Slama M E，Tashchian A，1985. Selected socioeconomic and demographic characteristics associated with purchasing involvement[J]. Journal of Marketing，49(1)：72-82.

[181]Smith-Sebasto N J，D'Costa A，1995. Designing a Likert-type scale to predict environmentally responsible behavior in undergraduate students：A multistep process[J]. The Journal of Environmental Education，27(1)：14-20.

[182]Smith-Sebasto N J，1995. The effects of an environmental studies course on selected variables related to environmentally responsible behavior[J]. Journal of Environmental Education，26(4)：30-34.

[183]Sonnino R，2004. For a "piece of bread"? Interpreting sustainable development through agritourism in Southern Tuscany[J]. Sociologia Ruralis，44(3)：285-300.

[184]Staats H，Hartig T，2004. Alone or with a friend：A social context for psychological restoration and environmental preferences[J]. Journal of Environmental Psychology，24(2)：199-211.

[185]Stedman R C，2002. Toward a social psychology of place：Predicting

behavior from place-Based cognitions, attitude, and identity[J]. Environment & Behavior, 34(5): 561-581.

[186]Steg L, Vlek C, 2009. Encouraging pro-environmental behaviour: An integrative review and research agenda[J]. Journal of Environmental Psychology, 20(3): 309-317.

[187]Stern P C, Dietz T, Guagnano G A, 1995. Values, beliefs, and pro-environmental action: Attitude formation toward emergent attitude objects [J]. Journal of Applied Social Psychology, 25(18): 1611-1636.

[188]Stewart W P, 1998. Leisure as multiphase experiences: Challenging traditions[J]. Journal of Leisure Research, 30(4), 391-400.

[189]Stone R N, 1984. The marketing characteristics of involvement[J]. Advances in Consumer Research, 11: 210-215.

[190]Tamir M, Mitchell C, Gross J J, 2008. Hedonic and instrumental motives in anger regulation[J]. Psychological Science, 19(4): 324-328.

[191]Thompson C S, 2004. Host produced rural tourism: Towa's Tokyo antenna shop[J]. Annals of Tourism Research, 31(3): 580-600.

[192]Tisdell C, 2005. An overview and assessment of the economics of leisure [R]. Economic Theory Applications & Issues Working Papers.

[193]Tonge J, Ryan M M, Moore S A, Beckley L E, 2014. The effect of place attachment on pro-environment behavioral intentions of visitors to coastal natural area tourist destinations[J]. Journal of Travel Research, 54(6).

[194]Torkzadeh G, Koufteros X, Pflughoeft K, 2003. Confirmatory analysis of computer self-efficacy[J]. Structural Equation Modeling A Multidiplinary Journal, 10(2):263-275.

[195]Trauer B, Ryanb C, 2005. Destination image, romance and place experience—An application of intimacy theory in tourism[J]. Tourism Management, 26(4): 481-491.

[196]Tsai S P,2012. Place attachment and tourism marketing: Investigating international tourists in Singapore[J]. International Journal of Tourism Research, 14(14): 139-152.

[197]Tsaur S H, Liang Y W, Weng S C, 2014. Recreationist-environment fit and place attachment[J]. Journal of Environmental Psychology, 40: 421-429.

[198]Tsunghung L, Fenhauh J, Huang G W, 2015. The influence of recreation experiences on environmentally responsible behavior: The case of Liuqiu island, Taiwan[J]. Journal of Sustainable Tourism, 23 (6): 947-967.

[199]Tsunghung L, Fenhauh J, Yang C C, 2013. Conceptualizing and measuring environmentally responsible behaviors from the perspective of community-based tourists[J]. Tourism Management, 36(3): 454-468.

[200]Tuan Y F, 1977. Space and place: The perspective of experience[M]. Minneapolis:University of Minnesota Press.

[201]Tuan Y F, 1978. Space and place: the perspective of experience[J]. Leonardo, 68(3): 231.

[202]Unger L S, Kernan J B, 1983. On the meaning of leisure: An investigation of some determinants of the subjective experience[J]. Journal of Consumer Research, 9(4): 381-392.

[203]Vaske J J, Kobrin K C, 2001. Place attachment and environmentally responsible behavior[J]. Journal of Environmental Education, 32 (4): 16-21.

[204]Veasna S, Wu W Y, Huang C H, 2013. The impact of destination source credibility on destination satisfaction: The mediating effects of destination attachment and destination image[J]. Tourism Management, 36(3): 511-526.

[205]West S G, Finch J F, Curran P J, 1995. Structural equation models with

nonnormal variables: Problems and remedies[J]. R Hoyle Structural Equation Modeling Concepts Issues & Applications: 56-75.

[206] Wester M, Eklund B, 2011. "My husband usually makes those decisions": Gender, behavior, and attitudes toward the marine environment [J]. Environmental Management, 48(1): 70-80.

[207] Wickham T D, Kerstetter D L, 2000. The relationship between place attachment and crowding in an event setting[J]. Event Management, 6(3): 167-174.

[208] Wiley C G E, Shaw S M, Havitz M E, 2000. Men's and women's involvement in sports: An examination of the gendered aspects of leisure involvement[J]. Leisure Sciences, 22(1): 19-31.

[209] Williams D R, Patterson M E, 1999. Environmental psychology: Mapping landscape meanings for ecosystem management[C]// Cordell H K, Bergstrom J C. Integrating Social Sciences and Ecosystem Management: Human Dimensions in Assessment, Policy and Management. Champaign, IL: Saga more.

[210] Williams D R, Patterson M E, Roggenbuck J W, et al., 1992. Beyond the commodity metaphor: Examining emotional and symbolic attachment to place[J]. Leisure Sciences, 14(1): 29-46.

[211] Williams D R, Roggenbuck J W, 1989. Measuring place attachment: Some preliminary results[C]// McAvoy L H, Howard D. Leisure Research Symposium. Arlington, VA: National Recreation.

[212] Williams D R, Stewart S I, 1998. Sense of place: An elusive concept that is finding a home in ecosystem management[J]. Journal of Forestry-Washington, 96(5): 18-23.

[213] Williams D R, Vaske J J, Kruger L E, et al., 2003. The measurement of place attachment: Validity and generalizability of a psychometric approach[J]. Forest Science, 49(49): 830-840.

[214]Wu S H，Chen Y F，2013. Leisure-service quality and hedonic experiences：Singing at a Karaoke house as a form of theatre[J]. Total Quality Management & Business Excellence，26(3-4)：1-14.

[215]Wynveen C J，Kyle G T，Sutton S G，2012. Natural area visitors' place meaning and place attachment ascribed to a marine setting[J]. Journal of Environmental Psychology，32(4)：287-296.

[216]Yuan K H，Bentler P M，1998. Normal theory based test statistics in structural equation modelling[J]. British Journal of Mathematical & Statistical Psychology，51(2)：289-309.

[217]Zaichkowsky J L，1994. The personal involvement inventory：Reduction，revision，and application to advertising[J]. Journal of Advertising，23(4)：59-70.

[218]Zhang Y K，Schilling K E，2006. Increasing streamflow and baseflow in Mississippi River since the 1940s：Effect of land use change[J]. Journal of Hydrology，324(S1-4)：412-422.

[219]Zhang Y，Zhang H L，Zhang J，et al. ，2014. Predicting residents' pro-environmental behaviors at tourist sites：The role of awareness of disaster's consequences，values，and place attachment[J]. Journal of Environmental Psychology，40：131-146.

[220]白丹丹，2012. 大学生环境态度与行为的定量研究——以中央民族大学为例[D].北京：中央民族大学.

[221]白凯，2010. 乡村旅游地场所依赖和游客忠诚度关联研究——以西安市长安区"农家乐"为例[J]. 人文地理，(4)：120-125.

[222]蔡进发，甘唐冲，江静宜，2008.游客对国家公园游憩信息、满意度、场所依恋与重游意愿之研究[J].运动与游憩研究，3(1)：125-152.

[223]蔡尚惠，林琼文，曾喜育，等，2015.古坑乡华山地区之整合性乡村旅游分析[J].林业研究季刊，37(2)：117-131.

[224]曹胜雄，孙君仪，2009.建构地方依附因果关系模式[J].地理学报，55：

43-63.

[225]陈奉伟,2013.遵义会址游客的环境行为探讨[J].决策与信息旬刊,(6):98-99。

[226]陈海波,莫莉萍,2011.滨海旅游地游客重游意愿的分异研究——以海南国际旅游岛为例[J].哈尔滨商业大学学报:社会科学版,(5):110-114.

[227]陈弘庆,2007.2006年全国大专运动会参与者之涉入程度、体验营销、满意度及忠诚度之相关实证研究[J].运动休闲管理学报,4(1):14-33。

[228]陈慧玲,吴英伟,2009.游客对民宿服务质量与游憩体验之关联性研究:以屏东雾台民宿为例[J].营销评论,6(2):299-327.

[229]陈宽裕,王正华,2010.结构方程模型分析实务 AMOS 的运用[M].台北:台湾五南图书出版公司,2010.

[230]陈美爱,2013.市民休闲动机与休闲城市的发展[J].求索,(2):257-259.

[231]陈美芬,邱瑞源,2009.游客休闲体验与旅游意象之研究[J].乡村旅游研究,3(1):33-52。

[232]陈顺宇,2007.结构方程模式:AMOS 操作[M].台北:台北心理出版社,2007.

[233]陈燕如,2014.心灵的祭坛——宗教信仰与心灵关系之艺术创作探讨[D].台北:台湾屏东教育大学.

[234]陈怡伶,2002.在铁道参观者之参观动机、休闲体验与艺文生活形态以及三者间之关系[D].彰化:台湾大叶大学.

[235]陈璋玲,洪秀华,2008.花莲赏鲸游客涉入对服务质量、体验及知觉价值影响之研究[J].运动事业管理学术研讨会论文集,7:75-94。

[236]陈肇芳,2007.大学校院学生休闲运动参与、涉入与满意度关系之研究[D].台北:台湾嘉义大学.

[237]成升魁,徐增让,李琛,等,2005.休闲农业研究进展及其若干理论问题[J].旅游学刊,20(5):26-30.

[238]崔凤,邢一新,2012.环境行为的社会学研究回顾[J].南京工业大学学报:社会科学版,11(2):5-11.

[239]戴罗莉,2010.基于旅游体验的"农家乐"游客满意度研究——以湖南常德柳叶湖周边"农家乐"为例[D].长沙:湖南师范大学.

[240]邓祖涛,梁滨,毛焱,2016.湿地游客环境负责任行为研究——以武汉东湖为例[J].旅游论坛,(3):44-49.

[241]丁志鹏,2013.乡村旅游游客不文明行为研究[D].长沙:中南林业科技大学.

[242]董涵,徐薜艳,张建华,2014.体验经济视角下乡村度假酒店休闲体验功能开发——以上海市闵行区陶家湾为例[J].上海农业科技,(1):19-21.

[243]董丽丽,于玲,2013.我国农村生活垃圾现状及处理对策[J].现代农业科技,(16):223-223.

[244]董文珍,2014.基于涉入理论的博物馆旅游体验与行为意向研究[D].西安:陕西师范大学.

[245]董玉明,2000.旅游学概论[M].上海:上海交通大学出版社.

[246]段理,2015.我国休闲农业产业化及其模式研究[J].现代经济信息,(18):372.

[247]段兆麟,2003.体验经济与休闲农业[J].台湾农业探索,(3):24-26.

[248]段兆麟,2010.台湾休闲农业发展的思路与实践[J].海口经济学院学报,(2):56-59.

[249]范钧,邱宏亮,吴雪飞,2014.旅游地意象、地方依恋与旅游者环境负责任行为——以浙江省旅游度假区为例[J].旅游学刊,29(1):55-66.

[250]范水生,2008.休闲农场区位选择与评价模型的构建研究[J].福建农林大学学报:哲社版,11(5):54-58.

[251]方怡尧,2002.温泉游客游憩涉入与游憩体验关系之研究——以北投温泉为例[D].台北:台湾师范大学.

[252]费娇娇,2013.农家乐空间区位选择研究——以浙江省安吉县为例[D].杭州:浙江师范大学.

[253]高德兴,2008.旅游者地方依附研究[D].福州:福建师范大学.

[254]高静,洪文艺,李文明,等,2009.自然保护区游客环境态度与行为初步研

究——以鄱阳湖国家级自然保护区为例[J].经济地理,29(11):1931-1936.

[255]高俊雄,1993.休闲参与体验形成之分析[J].户外游憩研究,6(4):1-12.

[256]高俊雄,1996.休闲概念面面观[J].台湾体育学院论丛,6(1),69-78.

[257]高志强,高倩文,2012.休闲农业的产业特征及其演化过程研究[J].农业经济,(8):82-83.

[258]耿红莉,2011.我国台湾地区休闲农业体验活动的经验及启示[J].北京农业职业学院学报,25(3):16-20.

[259]龚花,毛端谦,2013.国内地方依附研究综述[J].江西科技师范大学学报,(3):77-82.

[260]郭彬,2008.大学生环境意识与环境行为关系研究[D].大连:大连理工大学.

[261]郭红芳,2007.国内休闲农业研究综述[J].桂林旅游高等专科学校学报,18(6):933-937.

[262]郭焕成,任国柱,2007.我国休闲农业发展现状与对策研究[J].北京第二外国语学院学报,(1):66-71.

[263]郭玲女,2012.浙江省与台湾休闲农业的比较研究[D].临安:浙江农林大学.

[264]郭肇元,2003.休闲心流经验、休闲体验与身心健康之关系探讨[D].台北:台湾政治大学.

[265]韩施雨,肖艳伟,2015.北京市休闲农业发展概况研究[J].经济师,(1):162-162.

[266]胡卫华,王庆,2002."农家乐"旅游的现状与开发方向[J].桂林旅游高等专科学校学报,13(3):79-83.

[267]胡长龙,余惠珍,刘建浩,等,2002.江苏城市绿地系统布局模式的研究[C]//中国科协2002年学术年会第22分会场论文集.苏州:中国科协学术年会.

[268]黄乐,2011.古街游客场所依赖行为研究[J].长沙:中南林业科技大学.

[269]黄瑞昌,2013.休闲体验与休闲后行为对主观生活质量影响之研究[D].
台北:台湾朝阳科技大学.

[270]黄巍,2014.浅谈休闲农业发展与美丽乡村建设[J].农民致富之友,(24):
6-7.

[271]黄维琴,竺帅,周彬,2012.休闲农业发展综合评价及对策研究——以浙江
省奉化市为例[J].科技与管理,14(6):13-17.

[272]黄向,保继刚,Geoffrey,2006.场所依赖(place attachment):一种游憩行
为现象的研究框架[J].旅游学刊,21(9):19-24.

[273]黄志红,2009.休闲农业理论研究评述及展望[J].经济学动态,(9):
89-92.

[274]简大仁,2005.休闲生态园区体验营销之研究——以新竹老头摆客家美食
休闲生态园区为例[D].台北:台湾客家政治经济与政策研究所.

[275]江春娥,黄成林,2011. 九华山游客地方依恋与游后行为研究[J]. 云南
地理环境研究, 23(1):71-75.

[276]蒋璐,2015.湿地景区旅游体验、游客涉入与环境负责任行为关系研究
[D].广州:暨南大学.

[277]杰弗瑞·戈比,托马斯·古德尔,2000.人类思想史中的休闲[M].昆明:
云南人民出版社.

[278]敬静芬,2014.紫鹊界梯田居民地方依恋与农业文化遗产保护研究[D].
湘潭:湘潭大学.

[279]赖政斌,2002.大陆东莞地区台商休闲体验之研究[D].台北:台湾朝阳科
技大学.

[280]李嘉,何忠伟,2011.体验经济下的休闲农业经营模式研究[J].经济导刊,
(12):82-83.

[281]李健嘉,2012.苏州农家乐旅游发展战略研究[D].苏州:苏州科技学院.

[282]李丽娟,2012.旅游体验价值共创研究[D].北京:北京林业大学.

[283]李凌,2011.休闲农庄游客体验与游后行为意向关系研究[D].杭州:浙
江大学.

[284]李淑任,2005. 咖啡馆之休闲体验与顾客参与之探讨——以台中市咖啡馆为例[D]. 彰化:台湾大叶大学.

[285]李文贵,2007. 在游客休闲涉入、休闲体验与满意度关系之研究——以屏东海洋生物博物馆为例[D]. 台北:屏东科技大学.

[286]李英弘,林朝钦,1997年. 地方情感概念在户外游憩研究上之探讨[C]// 1997年休闲游憩观光学术研讨会论文集. 台北:台湾暨南国际大学.

[287]李仲广,卢昌崇,2004. 基础休闲学[M]. 北京:社会科学文献出版社.

[288]李周,操建华,2004. 旅游业对中国农村和农民的影响研究[M].北京:中国农业出版社.

[289]梁强,2008.面向体验经济的休闲旅游需求开发与营销创新[D].天津市:天津财经大学.

[290]林家桢,2008. 中部地区自行车活动参与者之深度休闲、休闲体验对休闲承诺的影响[D].台北:台湾云林科技大学.

[291]林映秀,2005. 涉入、体验、依恋影响关系之研究——以南投水里蛇窑陶艺文化园区为例[D].台北:台湾南华大学.

[292]林宗瑶,2010. 东丰自行车绿廊游客目的地意象、休闲涉入、地方依附与忠诚度之关联性研究[D].台北:台湾体育运动大学.

[293]刘敬怡,2009.游憩体验空间测度——以户外野餐活动为例[J].现代经济信息,(17):343-344.

[294]刘静艳,王郝,陈荣庆,2009.生态住宿体验和个人涉入度对游客环保行为意向的影响研究[J].旅游学刊,24(8):82-88。

[295]刘军,邓文,刘贝,2012.创意休闲农业的起源、特征及与休闲农业的区别[J].湖南农业科学,(8):50-54.

[296]刘俊志,2004.居民与游客对于鲤鱼潭风景特定区之地方依附差异探讨[D].台北:台湾东华大学.

[297]刘魏,2012.建设生态环境保护水土资源——评《水土保持补偿机制研究》[J].南水北调与水利科技,(3):146-146.

[398]刘晓霞,王兴中,翟洲燕,等,2011.基于城市日常体系理念的农家乐旅游

空间功能结构提升研究——以蓝田县为例[J].人文地理,(5):138-142.

[399]刘莹,2010.海鸥岛休闲农业发展研究[D].武汉:华中农业大学.

[300]刘莹莹,2006.我国休闲农业发展研究[D].太原:山西财经大学.

[301]刘宗颖,苏维杉,2009.生态旅游游客环境态度、旅游动机、游憩体验与地方依附之关系研究——以塔塔加游憩区为例[J].运动休闲管理学报,6(2):53-72.

[302]卢云亭,1996.生态旅游与可持续旅游发展[J].经济地理,(1):106-112.

[303]鲁娟,2012.基于旅游体验的"农家乐"游客重游意愿研究[D].武汉:湖北大学.

[304]鲁青,2014.荆州市休闲农业现状的 SWOT 分析及发展建议[J].武汉:华中师范大学.

[305]陆敏,顾雪芝,姜辽,2014.居民城市公园游憩涉入与地方依恋——以江苏省常州市红梅公园为例[J].地域研究与开发,(2):122-129.

[306]吕明红,2012.游憩者活动涉入、环境感知与地方依附关系研究——以西湖群山登山者为例[D].杭州:浙江工商大学.

[307]吕永红,2015.不识庐山真面目:大学生休闲体验状况[J].青年与社会(下),(3):27-28.

[308]罗佩,马远佳,2011.休闲农业建设研究综述[J].安徽农业科学,39(5):2976-2978.

[309]罗艳菊,张冬,黄宇,2012.城市居民环境友好行为意向形成机制的性别差异[J].经济地理,32(9):74-79.

[310]罗于婷,2006.夫妻之家庭生命周期、休闲脉络与其休闲体验之关系[D].彰化:台湾大叶大学.

[311]马宝建,2010.场所依恋、故地重游的本质内涵及其启示[J].旅游论坛,(1):118-120.

[312]潘革平,2009.体验比利时的"农家乐"[J].农村实用技术,(12):11-11.

[313]潘国芳,2012.杭州农家乐旅游发展现状及对策研究[D].成都:四川农业大学.

[314]彭玺,2010.游客旅游体验、满意度与行为意向关系的实证研究[D].长沙:河南工业大学.

[315]彭逸芝,2005.游憩自行车使用者之游憩涉入与地方依附关系之研究[D].台北:台湾私立铭传大学.

[316]祁黄雄,1997.福建发展旅游业的思路[J].资源与人居环境,(3):20-22.

[317]秦志红,2013.我国台湾地区发展休闲农业的成功经验及启示[J].北京农业,(3).

[318]邱皓政,2000.量化研究与统计分析——SPSS中文视窗版资料分析范例解析[M].台北:五南图书出版公司.

[319]沈进成,曾慈慧,林映秀,2008.游客休闲涉入、体验、依附影响之研究——以南投水里蛇窑陶艺文化园区为例[J].新竹教育大学人文社会学报,1(1):113-132.

[320]沈进成,谢金燕,2003.宗教观光吸引力、满意度与忠诚度关系之研究——以高雄佛光山为例[J].旅游管理研究,3(1):79-95.

[321]石静,李砚,2015.新型城镇化背景下临沂市休闲农业开发研究[J].长江大学学报(自科版),(11):17-20.

[322]史学楠,2012.中国乡村休闲经济发展研究[D].北京:中央民族大学.

[323]舒伯阳,1997.中国观光农业旅游的现状分析与前景展望[J].旅游学刊,(5):40-42.

[324]宋书彬,2006.论山西休闲农业产业化[D].太原:山西财经大学.

[325]苏勤,钱树伟,2012.世界遗产地旅游者地方感影响关系及机理分析——以苏州古典园林为例[J].地理学报,67(8):1137-1148.

[326]汤曼,冯国林,2004.关于进一步发展观光农业的思考[J].华中农业大学学报:社会科学版,(1):7-9.

[327]唐文跃,2012.皖南古村落居民地方依附特征分析——以西递、宏村、南屏为例[J].人文地理,(3):51-55.

[328]唐文跃,张捷,罗浩,等,2007.九寨沟自然观光地旅游者地方感特征分析[J].地理学报,62(6):599-608.

[329]唐文跃,张捷,罗浩,等,2008.古村落居民地方依恋与资源保护态度的关系——以西递、宏村、南屏为例[J].旅游学刊,23(10):87-92.

[330]田喜洲,2002.休闲旅游"农家乐"发展探讨[J].北京第二外国语学院学报,(1):72-74.

[331]万基财,张捷,卢韶婧,等,2014.九寨沟地方特质与旅游者地方依附和环保行为倾向的关系[J].地理科学进展,33(03):411-421.

[332]王芳,2006.行动者及其环境行为博弈:城市环境问题形成机制的探讨[J].上海大学学报:社会科学版,13(6):107-112。

[333]王郝,2008.生态住宿体验和个人涉入度对游客环保行为意向的影响研究[D].广州:中山大学.

[334]王坤,黄震方,方叶林,等,2013.文化旅游区游客涉入对地方依附的影响测评[J].人文地理,(3):135-141.

[335]王震宇,1995.休闲体验中之自由感对休闲活动参与情况之影响[D].台北:台湾大学.

[336]魏遐,潘益听,2010.中国旅游体验研究十年(2000—2009)综述[J].旅游论坛,3(6):645-651.

[337]魏小安,2005.中国休闲经济[M].北京:社会科学文献出版社.

[338]温芳,2005.农家乐旅游发展模式研究——以南京市为例[D].南京:南京师范大学.

[339]闻鸿儒,2012.鹿港古迹旅游涉入程度、体验价值、地方依附与地方意向的关联性研究[D].台北:台湾南华大学.

[340]吴波,2012.温泉休闲者的休闲涉入与休闲体验研究——以张家界江垭温泉度假村为例[D].长沙:湖南师范大学.

[341]吴承照,马林志,詹立,2010.户外游憩体验质量评价研究——以上海城市公园自行车活动为例[J].旅游科学,24(1):45-51.

[342]吴虹萱,2008.亲子旅游中亲子关系对休闲体验之影响[D].台北:中国文化大学.

[343]吴家祺,2011.消费者网络团购动机、网络涉入、产品涉入对休闲体验之

研究——以团购网站为例[D]. 台北：朝阳科技大学.

[344]吴丽敏,黄震方,王坤,等,2015. 国内外旅游地地方依恋研究综述[J]. 热带地理,35(2):275-283.

[345]吴明隆,2009. SPSS统计应用学习实务：问卷分析与应用统计[M]. 台北:五南图书出版公司.

[346]吴天香,2009. 凤凰古城游客体验质量评价研究[D]. 上海：华东师范大学.

[347]吴小旭,2010. 基于旅游涉入与地方依恋理论的乡村旅游度假产品发展研究[D]. 广州：华南理工大学.

[348]吴宣恭,2012. 生产方式概念及其相关的几个理论问题[C]// 社会主义经济理论研究集萃——稳中求进的中国经济.

[349]吴艳,温忠麟,2011. 结构方程建模中的题目打包策略[J]. 心理科学进展,19(12):1859-1867.

[350]吴奕九,2008. 人文与生态环境的互动性永续——以台东县利吉为例[D]. 台东：台东大学南岛文化研究所.

[351]伍婷,2014. 农业与旅游产业融合模型及实证研究. 南宁：广西师范大学.

[352]武旻,2008. 我国休闲体验发展问题研究[D]. 太原:山西财经大学.

[353]夏赞才,陈双兰,2015. 生态游客感知价值对环境友好行为意向的影响[J].中南林业科技大学学报:社会科学版,9(1):27-32.

[354]肖京华,2014.休闲农业发展中存在的问题及对策[J]. 中国农业信息月刊,(1):197-197.

[355]肖静,2014."体验"的魅力——体验式视觉传达设计史教学新探[J].包装与设计,(4):104-106.

[356]肖君泽,2009. 发展休闲农业开发和拓展农业功能[J].农业现代化研究,30(4):453-456.

[357]肖潇,张捷,卢俊宇,等,2013. 基于ITCM的旅游者地方依恋价值评估——以九寨沟风景区为例[J].地理研究,32(3),570-579.

[358]谢彦君,2006.旅游体验研究——一种现象学的视角[M].天津:南开大学出版社.

[359]徐文兵,吴承涛,蔡碧凡,等,2010.乡村旅游生态环境保护措施及综合对策.福建林业科技,37(3):144-149.

[360]徐晓莉,2006.休闲农业开发的理论与实证:文化资源的挖掘与表达[D].南京:南京农业大学.

[361]徐逸涵,2009.原住民文化园区游客休闲活度涉入与地方依附之关系——游客体验感受为中介变量[D].台北:台湾高雄大学.

[362]严贤春,刘晓琴,陈瑶,等,2011.瓦屋山国家森林公园生态旅游资源评价[J].安徽农业科学,39(20):12375-12378.

[363]杨伟,周丹丹,李延云,2012.生态休闲农林业开发探析——以广东省河源市休闲农业园为例[J].农业工程技术:农产品加工业,(3):35-38.

[364]杨昀,2011.地方依附的国内外研究进展述评[J].中山大学研究生学刊:自然科学与医学版,(2):26-37.

[365]姚莹,2012.城郊遗产型景区游憩者地方感研究[D].泉州:华侨大学.

[366]叶珮如,2010.自行车道使用者休闲涉入与地方依附之相关研究——以台北县八里左岸自行车道为例[D].台北:台湾师范大学.

[367]衣小艳,2011.旅游感知视角下的生态旅游者环境行为研究——以杭州西溪国家湿地公园为例[D].杭州:浙江工商大学.

[368]尤海涛,马波,陈磊,2012.乡村旅游的本质回归:乡村性的认知与保护[J].中国人口·资源与环境,22(9):158-162.

[369]游洁敏,徐文辉,黄一成,2013.临安市郊农家乐"乐之源"的调查与分析[J].浙江农业科学,(2):223-225.

[370]余及斌,2015.生态旅游涉入、地方依附与环境负责任行为关系研究[D].杭州:浙江大学.

[371]余勇,田金霞,2013.骑乘者休闲涉入、休闲效益与幸福感结构关系研究——以肇庆星湖自行车绿道为例[J].旅游学刊,28(2):67-76.

[372]余勇,田金霞,粟娟,2010.场所依赖与游客游后行为倾向的关系研究——

以价值感知、满意体验为中介变量[J].旅游科学,24(3):54-62.

[373]俞文正,2001. 休闲农业的功能及发展前景[J].青海农林科技,(4):37-38.

[374]袁海峰,2014.基于SWOT分析的临安市农家乐旅游可持续发展研究[D].杭州:浙江农林大学.

[375]袁苏,2015.城市公园使用者休闲涉入对地方依恋的影响研究[D].广州:暨南大学.

[376]约翰·凯利,2000. 走向自由——休闲社会学新论[M].昆明:云南出版社.

[377]约瑟夫·派恩,詹姆斯·吉尔摩,2003. 体验经济时代[M].北京:机械工业出版社.

[378]曾芳芳,朱朝枝,2012.圆:一种解读休闲农业开发理念的文化视角[J].中国农学通报,28(12):313-316.

[379]曾诗馨,李明聪,2010.古迹旅游之地方依附、休闲涉入与满意度关系之研究——台南市安平古堡游客为例[J].稻江学报,4(2):198-210.

[380]詹玲,蒋和平,冯献,2010.国外休闲农业的发展概况和经验启示[J].世界农业,(1):87-91.

[381]张安民,李永文,2016. 游憩涉入对游客亲环境行为的影响研究——以地方依附为中介变量[J]. 中南林业科技大学学报:社会科学版,10(1):70-78.

[382]张冬平,鲁怀坤,2009.中国休闲农业发展状况与特征分析[J].河南农业大学学报,43(6):677-680.

[383]张桂华,2012.休闲农业品牌形象结构模型与实证研究[J].湖南师范大学自然科学学报,35(3):89-94.

[384]张涵,2013. 农家乐游客重游行为影响因素研究[D].成都:四川农业大学.

[385]张红喜,2013.新型城镇化背景下旅游促进农村社区发展研究[J].城市,(6):16-18.

[386]张宏梅,陆林,2010.游客涉入及其与旅游动机和游客满意度的结构关系——以桂林、阳朔入境旅游者为例[J].预测,29(2):64-69.

[387]张家铭,林丽娟,张良汉,2007.小学生休闲涉入与休闲体验之研究[J].运动休闲餐旅研究,2(4):21-38.

[388]张良汉,2006.建构登山健行者活动涉入与地方依恋影响模式[J].体育学报,39(4):163-177.

[389]张玲,2010.网络虚拟体验、休闲涉入对顾客行为意愿的影响研究[D].西安:陕西师范大学.

[390]张杉,2004.在城乡统筹中构建县域休闲农业发展的良好空间——成都市郊县休闲农业发展研究[J].乐山师范学院学报,19(2):66-70.

[391]张胜利,2014.中国休闲农业发展现状与对策研究[D].长沙:湖南农业大学.

[392]张天佐,2010.休闲农业如何持续发展[J].农业工程技术:农产品加工业,(11):4-5.

[393]张文,2007.中部地区农村劳动力转移与人力资源开发问题研究[D].南昌:南昌大学.

[394]张文莲,2013.体验视角下的绍兴农家乐旅游产品深度开发研究[J].黑龙江农业科学,(3):120-124.

[395]张雅静,胡春立,2015.休闲农庄游客休闲涉入、休闲效益与行为意向关系研究——以宁波生态休闲农庄为例[J].湖北理工学院学报:人文社会科学版,(6):14-21.

[396]张扬,2010.美国农村金融体系构建的经验及其启示[J].世界农业,(2):61-63.

[397]章国威,陈怡伶,2014.台湾南元花园休闲农场体验活动之检视与分析[J].台湾农业探索,(1):1-6.

[398]赵国如,2009.休闲农业的发展模式与模式选择[J].中国发展,9(2):63-71.

[399]赵国如,周朝晖,姜晓萍,2006.休闲农庄发展模式探讨[J].湖南财经高等

专科学校学报,(6):7-11.

[400]赵航,2012.休闲农业发展的理论与实践[J].福州:福建师范大学.

[401]赵立民,2012.基于消费者体验视角的生态旅游可持续发展模式[J].统计与决策,(13):65-68.

[402]赵宗金,董丽丽,王小芳,2013.地方依附与环境行为的关系研究——基于沙滩旅游游客的调查[J].社会学评论,(3):76-85.

[403]郑斌斌,黄冲平,2013.财政支持农家乐旅游业发展的探索[J].浙江农业科学,(9):1223-1225.

[404]郑伟俊,2015.体验经济下发展休闲农业的探索[J].当代经济,(32):70-71.

[405]周慧玲,2009.旅游者"场所依附"的形成机制及实证研究——以都江堰为例[D].长沙:湖南师范大学.

[406]周秀蓉,黄琪淳,陈怡君,等,2008.休闲体验与知觉价值对购买意愿之影响——以梦时代购物中心为例[J].商业现代化学刊,4(3):29-41.

[407]朱家慧,2006.涉入、体验、依恋之影响关系研究——以莺歌地区为例.台北:南华大学.

[408]朱经明,2007.教育及心理统计学[M].台北:五南图书出版公司.

[409]朱丽萍,2011.安庆市休闲农业发展研究[D].太原:山西财经大学.

[410]庄秀婉,2005.台湾北海岸冲浪参与者休闲体验与满意度之调查研究[D].台北:台湾师范大学.

[411]邹伏霞,阎友兵,王忠,2007.基于场所依赖的旅游地景观设计[J].地理与地理信息科学,23(4):81-84.

[412]邹统钎,吴丽云,2003.旅游体验的本质、类型与塑造原则[J].旅游科学,17(4):7-10.

附　录

一、关于"茶文化农家乐"的访谈问卷

(一)游客访谈

尊敬的受访游客：

　　您好！这是一份关于乡村休闲旅游者的调查问卷，主要目的是了解影响乡村休闲旅游者环境负责任行为的因素，以及休闲涉入、休闲体验和地方依附的影响机制。您的宝贵意见对本次调研有莫大的帮助，恳切希望您能完成问卷。凡所得的资料，仅供学术研究和统计分析之用，个人资料会以代号来代替，**绝不会外泄或做论文分析以外的用途**，敬请放心填写，并感谢您的支持！

　　顺颂台安！

问卷题项

1.您为什么会选择来这里旅游？这里的旅游有哪些特色吸引您的地方？

2.您会和哪些人来这里旅游？

3.您前来旅游地使用哪种交通工具？车程需要多久？您觉得交通方便吗？

3.您觉得这里的环境卫生怎样？您会做破坏环境的行为吗？

4.在这里游玩,您最大的感受是什么(用3～5个形容词)？

5.您觉得这里的硬件和软件有哪些方面需要改进？

6.您下次还会再来这里旅游吗？会将这里推荐给其他朋友吗？

7.您觉得阻碍您来这里旅游的最大原因是什么？有哪些好的建议？

个人信息部分

1.您的年龄:□18～25 岁　　□26～35 岁　　□36～45 岁
　　　　　　□46 岁及以上

2.您的性别:□男　□女

3.您的职业:□工人　　　　　□农民　　　　　□公务员
　　　　　　□商务人员　　　□公司职员　　　□学生
　　　　　　□新闻媒体　　　□个体劳动者　　□自由职业者
　　　　　　□其他

4.您的年收入水平:□10000 元及以下　　　□10001～30000 元
　　　　　　　　　□30001～50000 元　　　□50001～80000 元
　　　　　　　　　□80000 元以上

非常感谢您的参与！

(二)经营户访谈

尊敬的受访游客：

　　您好！这是一份关于乡村休闲旅游者的调查问卷,主要目的是从组织管理的层面了解影响乡村休闲旅游者休闲涉入、休闲体验、地方依附和环境负责任行为的因素。您的宝贵意见对本次调研有莫大的帮助,恳切希望您能完成问卷。凡所得的资料,仅供学术研究和统计分析之用,个人资料会以代号来代替,**绝不会外泄或做论文分析以外的用途**,敬请安心填写,并感谢您的支持!

　　顺颂台安!

问卷题项

　　1.请问来这里休闲旅游的客人多吗? 游客一般和哪些人一起来游玩?

　　2.请问游客中哪类职业居多? 客源多数是来自本地还是周边地区,甚至更远的地方?

　　3.请问游客一般都是来一次,还是来多次?

　　4.请问游客是否能做到保护环境和爱护环境?

　　5.请问游客来这里最喜欢哪些活动(如品尝美食、饮茶、采茶等)?

　　6.请问您觉得这里最吸引游客前来的原因有哪些? 导致游客不来的原因又有哪些? 有哪些好的建议?

个人信息部分

　　1.您的年龄:□18～25岁　　□26～35岁　　□36～45岁　　□46岁及以上

　　2.您的性别:□男　　□女

非常感谢您的参与!

二、关于"乡村休闲旅游者环境负责任行为"的访谈问卷

□梅家坞　□龙井村　□茅家埠

亲爱的受访游客：

您好！这是一份学术性问卷，目的在于想了解乡村休闲旅游者休闲涉入、休闲体验、地方依附对环境负责任行为影响研究。填写本问卷时不必具名，所获得之资料仅供学术研究之用，绝不对外公开。您的协助将对本研究结论有重要的影响，因此恳请您依照个人的真实感受放心填写，衷心感谢您的合作与协助。

顺颂台安！

第一部分：休闲涉入

请问就你依个人观点而言，对下列问项同意度如何？（本题为单选，请依实际情况打"√"）

题项	问　项	非常同意	同意	比较同意	一般	比较不同意	不同意	非常不同意
1	在茶文化农家乐游玩对我来说很重要	7	6	5	4	3	2	1
2	我非常喜欢在这里游玩	7	6	5	4	3	2	1
3	在这里游玩是最令我满足的活动之一	7	6	5	4	3	2	1
4	在这里游玩让我感到很快乐	7	6	5	4	3	2	1
5	在这里游玩是我感兴趣的事	7	6	5	4	3	2	1
6	在这里游玩过程中我可以不受约束地做自己	7	6	5	4	3	2	1
7	在这里游玩时，我在意别人对我来这里的看法	7	6	5	4	3	2	1
8	在这里游玩时的我是真实的我	7	6	5	4	3	2	1
9	人在这里的活动反映了他是一个什么样的人	7	6	5	4	3	2	1
10	在这里游玩是我生活中的重要休闲方式之一	7	6	5	4	3	2	1
11	我愿意与朋友分享我在这里的游玩经历	7	6	5	4	3	2	1
12	我的许多朋友都喜欢来这里游玩	7	6	5	4	3	2	1

第二部分：休闲体验

请问就你依个人观点而言，对下列问项同意度如何？（本题为单选，请依实际情况打"√"）

题项	问　项	非常同意	同意	比较同意	一般	比较不同意	不同意	非常不同意
1	茶文化农家乐体验能让我心情愉悦	7	6	5	4	3	2	1
2	茶文化农家乐体验能让我感到放松舒畅	7	6	5	4	3	2	1
3	茶文化农家乐体验能让我有味觉、触觉的享受	7	6	5	4	3	2	1
4	茶文化农家乐体验能让我认识农作物，了解农作物的生长	7	6	5	4	3	2	1
5	茶文化农家乐体验能让我了解种植和养殖，培养动手能力	7	6	5	4	3	2	1
6	茶文化农家乐体验能让我学到更多茶文化知识							
7	茶文化农家乐体验能让我摆脱生活压力，忘却烦恼	7	6	5	4	3	2	1
8	茶文化农家乐体验能让我暂时逃离现实	7	6	5	4	3	2	1
9	茶文化农家乐个性化体验能让我感受到尊重	7	6	5	4	3	2	1
10	乡村风土人情能给人以美的享受	7	6	5	4	3	2	1
11	建筑设计风格能给人以美的享受	7	6	5	4	3	2	1
12	对这里环境的清洁非常满意	7	6	5	4	3	2	1

第三部分：地方依附

请问就你依个人观点而言，对下列问项同意度如何？（本题为单选，请依实际情况打"√"）

题项	问　项	非常同意	同意	比较同意	一般	比较不同意	不同意	非常不同意
1	我在这里比在其他地方更感到满意	7	6	5	4	3	2	1
2	我喜欢参加这里的活动，包括饮食、观光、游玩、摄影等	7	6	5	4	3	2	1
3	这里的景观比较漂亮，十分吸引人	7	6	5	4	3	2	1
4	我在这里比在其他地方更快乐	7	6	5	4	3	2	1
5	我认为在这里游玩比在其他地方更为重要	7	6	5	4	3	2	1
6	这里是我最喜欢游玩的地方	7	6	5	4	3	2	1

续表

题项	问　项	非常同意	同意	比较同意	一般	比较不同意	不同意	非常不同意
7	我不会转换到这里以外的地方去游玩	7	6	5	4	3	2	1
8	如果可以,我愿意花更多的时间在农家乐	7	6	5	4	3	2	1
9	没有其他地方可与这里相比较	7	6	5	4	3	2	1
10	我喜欢在农家乐更胜于其他地方	7	6	5	4	3	2	1
11	我很喜欢这里的产品和设施	7	6	5	4	3	2	1
12	这里对我具有重大精神意义	7	6	5	4	3	2	1
13	我觉得我对这里有强烈的情感	7	6	5	4	3	2	1
14	我觉得我对这里有强烈的归属感	7	6	5	4	3	2	1
15	我非常认同这里	7	6	5	4	3	2	1
16	在这里得到的体验是其他景区无法比拟的	7	6	5	4	3	2	1
17	我喜欢和亲人或朋友到这里游玩,到这里放松已经成为我生活里重要的一部分	7	6	5	4	3	2	1
18	这里的一切我都非常喜欢	7	6	5	4	3	2	1

第四部分:环境负责任行为

请问就你依个人观点而言,对下列问项同意度如何?(本题为单选,请依实际情况打"√")

题项	问　项	非常同意	同意	比较同意	一般	比较不同意	不同意	非常不同意
1	我会说服同行和亲友采取对自然有利的行为	7	6	5	4	3	2	1
2	我会学着解决环保问题	7	6	5	4	3	2	1
3	我会阅读环保类的文章或书籍	7	6	5	4	3	2	1
4	我会与他人讨论环保问题	7	6	5	4	3	2	1
5	我不会破坏这里的环境	7	6	5	4	3	2	1
6	我看到破坏行为会上前阻止	7	6	5	4	3	2	1
7	我看到垃圾会捡起来	7	6	5	4	3	2	1
8	如果有改善这里环境的活动我会参加	7	6	5	4	3	2	1
9	我会节约用水,看到水龙头未关,会及时去关	7	6	5	4	3	2	1

第五部分：基本资料请在相应的□中打"√"

1. 性别

　　□(1)男　　　　　　　　□(2)女

2. 年龄

　　□(1)18～24 岁　　　　□(2)25～34 岁　　　　□(3)35～44 岁

　　□(4)45～54 岁　　　　□(5)55 岁及以上

3. 婚姻状况

　　□(1)已婚　　　　　　　□(2)未婚　　　　　　　□(3)其他

4. 职业

　　□(1)政府工作人员　　　□(2)企事业工作人员　　□(3)专业/文教人员

　　□(4)学生　　　　　　　□(5)手工业　　　　　　□(6)退休

　　□(7)失业(待业中)　　　□(8)其他＿＿＿＿＿＿＿＿＿

5. 文化程度

　　□(1)小学或以下　　　　□(2)初中　　　　　　　□(3)高中或中专

　　□(4)专科　　　　　　　□(4)本科　　　　　　　□(5)硕士及以上

6. 请问您来这里游玩的次数有多少？

　　□(1)1 次　　　　　　　□(2)2～3 次　　　　　　□(3)4～5 次

　　□(4)5 次以上

7. 请问您个人月收入多少？

　　□(1)1500 元以下　　　　□(2)1501～3000 元　　　□(3)3001～5000 元

　　□(4)5001～7000 元　　　□(5)7000 元以上

8. 请问您来这里游玩的费用多少？

　　□(1)0 元　　　　　　　□(2)100 元以下　　　　　□(3)100～500 元

　　□(4)501～1000 元　　　□(5)1000 元以上

9. 请问您与一行同行几人？

　　□(1)1 人　　　　　　　□(2)2～3 人　　　　　　□(3)4～6 人

　　□(4)7～10 人　　　　　□(5)10 人以上

10.请问您在这里游玩时间大概多久?

　　□(1)半天以内　　　　□(2)半天以上1天以内

　　□(3)1天　　　　　　□(4)1天以上

11.您是否居住在杭州地区? 若是则回答下一个问题,若不是则回答具体
城市。

　　□是　　　　　　　　□不是_____

12.请问您居住在杭州哪个区?

　　□(1)上城区　　　　□(2)下城区　　　　□(3)拱墅区

　　□(4)江干区　　　　□(5)西湖区　　　　□(6)余杭区

　　□(7)滨江区　　　　□(8)萧山区　　　　□(9)富阳区

13.请问您从什么管道了解到这个地方? (可复选)

　　□(1)报纸　　　　□(2)杂志　　　　□(3)广告信函

　　□(4)电视　　　　□(5)网络　　　　□(6)学校

　　□(7)亲友　　　　□(8)居住社区　　　□(9)座谈会或演讲

　　□(10)其他_____

14.请问您使用何种交通工具到达这里?

　　□(1)私家车　　　　□(2)出租车　　　　□(3)公交车

　　□(4)地铁　　　　　□(5)步行　　　　　□(6)非机动车

　　□(7)其他

15.请问您从出发到达这里需要多长时间?

　　□(1)0.5小时及以内　□(2)0.5~1小时(含)　□(3)1~2小时(含)

　　□(4)2~3小时(含)　　□(5)3小时以上

问卷到此结束,谢谢您的合作及回答!